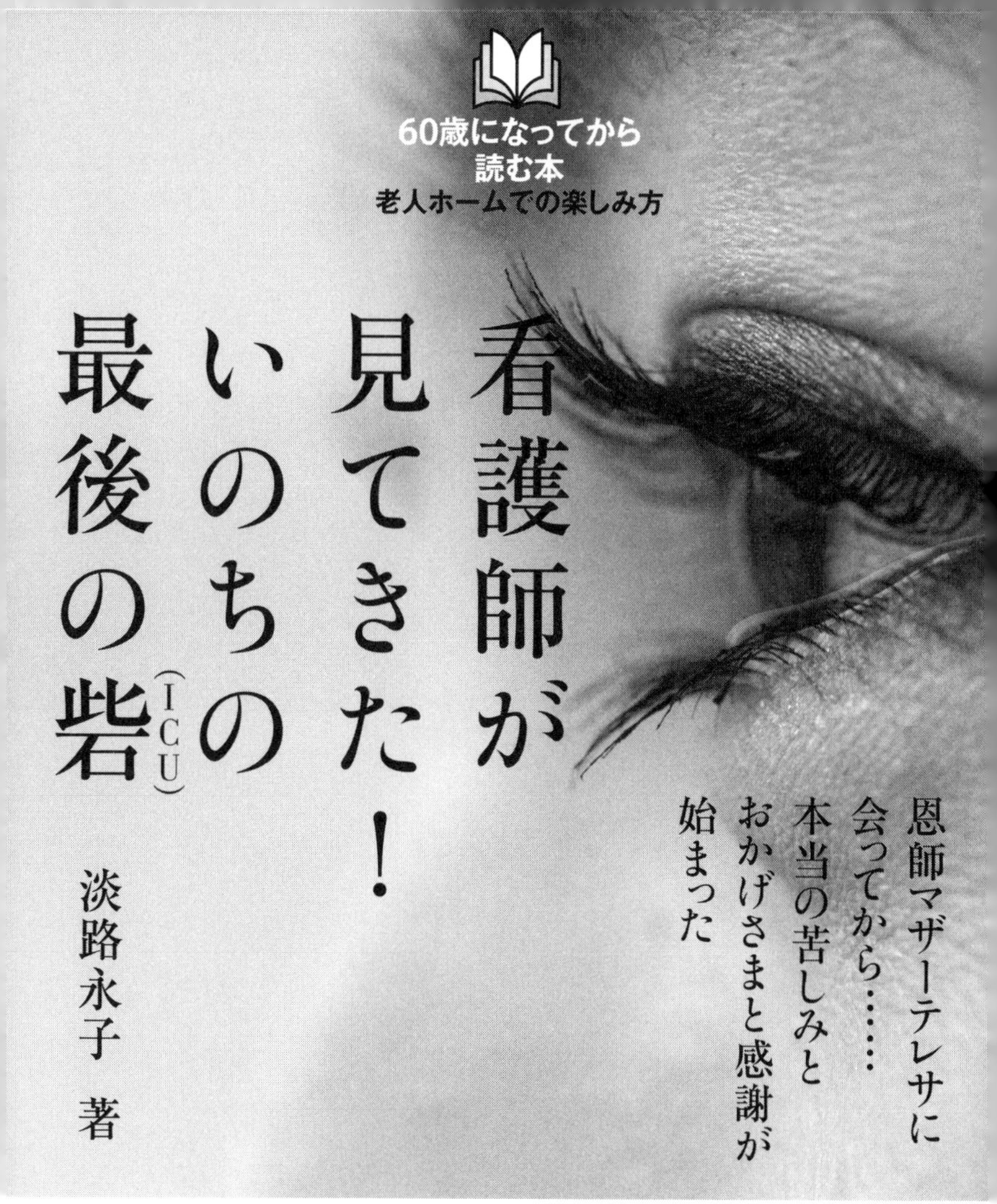

60歳になってから
読む本
老人ホームでの楽しみ方

看護師が見てきた！いのちの最後の砦《（ICU）》

恩師マザーテレサに
会ってから……
本当の苦しみと
おかげさまと感謝が
始まった

淡路永子 著

高速学習アカデミー

目次

4章　天職としての看護師！

5章　人生の最後の闘いに挑む

装幀　木村事務所
校正　坂口優
編集主幹　吉岡節夫
編集補助　阿南かすみ

プロローグ

私は……人生の折り返し地点を超え満63歳になりました。数え歳では64歳ですね。

妹は生後17日で亡くなりました。

妹の久子《ひさこ》さんは数え歳でいうと1歳でした。私と一緒に生きた時間です。

今、自分の人生を振り返り、お世話になった皆さま方から受けた恩や励ましに感謝を込めて……ペンをとることにしました。

最愛の1人息子の死。

私を愛してくれた主人の死。

天職の看護師という仕事への想い。

恩師マザーテレサさんとの出会い。

度重《たびかさ》なる病気との闘い。

……そして多くの人に支えられました。

医師や友人に感謝です。

思い出が噴き出し、走馬灯のように過ぎていきます。

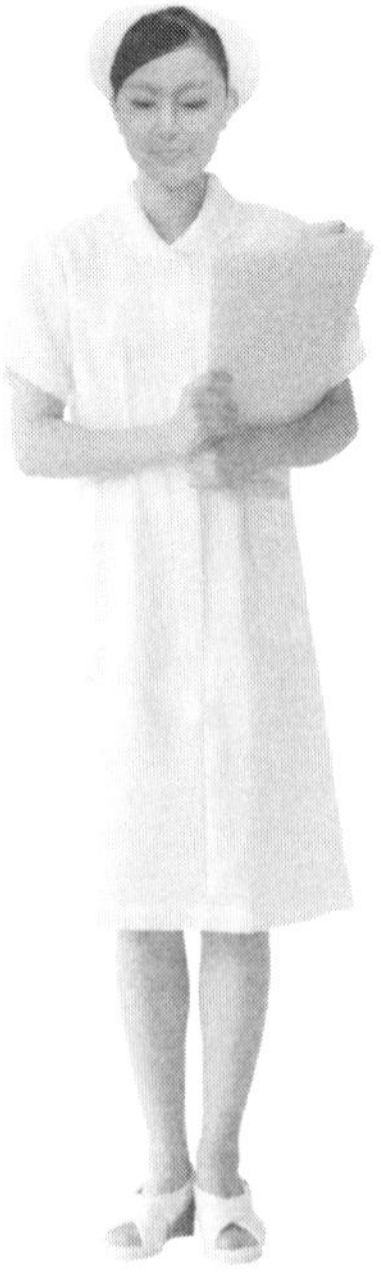

涙のせいで何度も書くことを諦《あきら》めようとしました。

でも、書き続けました……それでできたのが私のつぶやきです。

読んでいただいた方々に病気を乗り越える勇気を……

明日につながる夢を……

そして、いつも元気でいる自分に友人に感謝を……

そんな願いを込めた本になりました。


不自由な車椅子の生活ですが、それでも生きています。

日本の片隅《かたすみ》で頑張って生きている人がいるのだと、思ってくだされば幸いです。

そして……本を書くことを勧《すす》めていただいた荒木麻那美さんには感謝の念に堪えません。

この場をお借りして厚く御礼申し上げます。また協力していただいた方々にも感謝します。

ありがとうございました。

2021年7月吉日

1章　1000グラムの命??

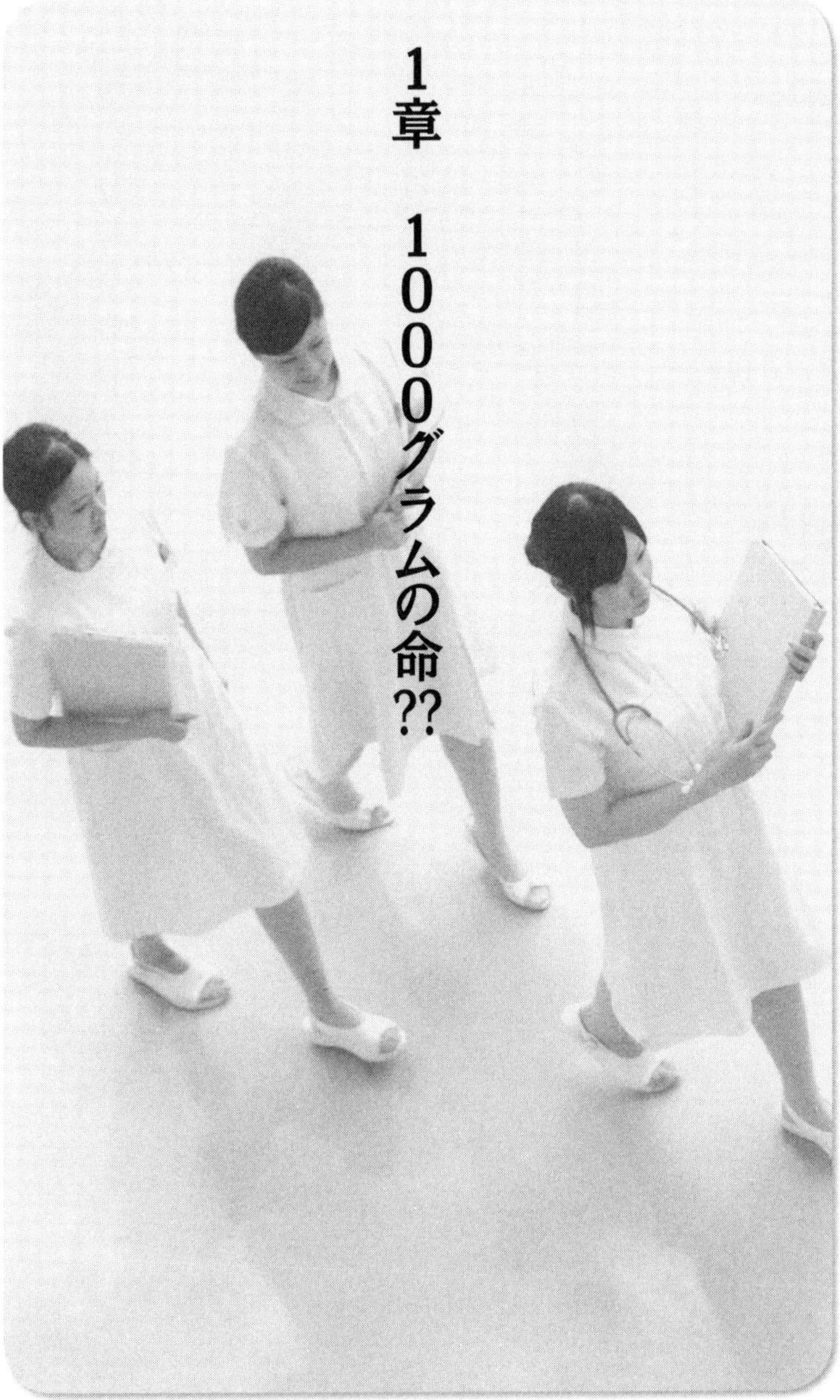

妹との永遠の別れ

私は、１９５７年11月19日に福井県福井市で生まれました。

郷里からは日本海がすぐ目と鼻の先にあります。幼少のころは、冬になると随分と雪が積もった風景をよく目にしました。本当に寒いところです。

名所の東尋坊《とうじんぼう》から見える風景が好きです。清々しく感じられます。海岸を散歩すれば風に揺らぐ白波のたつ音が耳に届きます。これが透き通った凛とした空気を感じさせてくれるのです。

こんな風がよく通る小さな町で、私は育ちました。

私はほんとに早い早産でした。一卵性双生児でした。２人は１０００グラムに満たない極小未熟児だったのです。それで新生児特定集中治療室（ＮＩＣＵ）での入院期間が長くなったのです。その間、母は私たち２人が元気になって丈夫に大きく育ってほしいと願いよく神社に行って祈っていたそうです。

永《なが》く久《ひさ》しく生きますようにという願いが込められて……長女の私を永子《えいこ》、次女を久子《ひさこ》と名づけたといいます。

ところが、次女の久子は生後17日で帰らぬ人となり私独りとなってしまいました。

私たちは正期産ではなく早産なのです。超未熟児（超低出生体重児）で体が弱かったのです。その後の生存率が91・６％であるといわれていました（現在では医療の進歩もあり年々生存率が高くなっています）。そんな私は……体重がなかなか増えず大きく育たないのです。体重が３０００グラムになるまでに1年近くかかり日本赤十字福井病院を退院したのは1歳の誕生日を迎えたときだったと聞いています。

双子の早期出産のことや妹の久子さんのことは後になって母から聞きました。

それは、高校進学をするときに戸籍謄本をとったときでした。必要な数枚の書類とかを見ていくと久子という名前がありました。その名前に×印がついていました。私は初めて見たとき何のことか思いあたることがありません。それも久子という名前です。しかも私の妹のところの欄（所定の位置）にあるのです。母に訊くのをためらいましたが、でも母に尋ねたところ一冊のアルバムを持ってきたのです。一度も見たことのない古いものでした。私と久子が写っていました。写真を見ながら私の小さかったときのことや妹の久子のことをポツポツと話してくれました。母の話は私にとってショッキングなものでした。私は幼少より病弱だったということでした。元気に育つかどうかわからないのでお嫁にいけないかもしれないと母は感じたのだと思います。それで母の口癖は「手に職をつけなさい」

ということでした。１人でも生きていけるようにという母の想いだったのです。

でも私は母の言いつけなどが耳に入らなかったのです。少し話が飛んでしまいますが、私は生来退屈なのが性に合っていないようです。これから先、いろんなところでできます。それはさておき、私は幼稚園、小学校、中学校、高校、そして大学に進学していきます。ところが、私は大学生活が思った以上に退屈なところで勉強がつまらないと思うようになっていきました。考える度に深いため息がでるほどでした。そして結局一年ほどで退学してしまいました（母の願いを裏切った思いがのこりました）。ここで、私の人生の大転換が始まっていくのです。

久子さん貴方の分まで生きやる

一卵性双生児で、未熟児だった久子は、医師の懸命な治療にもかかわらず、短い生涯を閉じました。久子さんの分まで生きてあげようと懸命な祈りをささげたのです。

母の願いを叶える

大学を退学して福井に帰ったのですが、田舎はせまく世間の目もあり今度は両親に従い横浜の看護学校に進学することにしました。看護学校は3年間で寮生活でした。寮生活は2人部屋で茨城県からきているAさんと一緒でした。

2年生になると個室になりました。そこには先輩たちがいて上下関係は厳しいものがありました。看護学校の勉強は大変でしたが、学校の授業が終わってからの寮生活は楽しかったのです。寮長さん

は東北の出身で独身の方でした。ユーモアたっぷりの方言を使って、周りを和ませるのが得意な助産師さんでした。休みの暇なときにはお茶やお食事などをご馳走してくださいました。看護学校の1年のとき、7歳上の同級生に誘われて千葉へ梨狩りに行きました。その時、1人の男性を紹介されました。

その男性が私の主人になる人とは……まったく今でも不思議な出会いだったと思っています。1年余りの交際を経て私が看護学校2年生のときでした。忘れもしません。昭和55年5月5日に結婚しました。結婚後の生活は主人の住む千葉県の松戸市でスタートしました。

松戸から横浜までの通学時間は片道2時間ほどかかりました。あの当時は始発電車に乗ったり満員電車に揺られたりという繰り返しでした。結婚生活と学生生活との両立は思った以上に大変でした。そして看護学校の3年生になると病院での実習が始まり自宅から実習のある病院への通学が困難となりました。そこで横浜市にあるホテルに泊まったり同級生の自宅に泊めてもらったりすることが多くなっていきました。それで新婚なのに夫婦の別居生活も多くなっていきました。それでも主人は何も言わずに許してくれたのです。

看護師の国家試験に合格する

やっと3年間の締めくくりの卒業式を迎えることができました。主人が出席してくれました。主人は我が身のことのように喜んでくれました。そこに主人の男泣きする姿がありました。今でも瞼を閉じれば思い出します。私は嬉しかったのです。この人が主人でよかったと心底から思い涙しました。

看護学校を卒業し国家試験にも無事に合格してT大学病院に就職

しました（このとき母の『手に職をつけなさい』という言葉を噛みしめました）。そして私の看護師生活がスタートすることになるのです。

看護の現場は教科書どおりではないのです。勤務は昼勤だけではありません。24時間の勤務体制のなかで日勤・準夜勤・深夜の3体制があります。しかも勤務時間は時間どおりには終わりません。残業勤務もしだいに多くなっていきます。たとえば日勤から深夜勤務、準夜勤から日勤などの勤務が続くとなると、自宅は電車通勤でも便利な場所にあったのですが、それでもやはり自宅に帰るという気持ちの余裕がなくなってしまうのです。そんななかで気が張って疲れも取れないし通勤に時間を割くより病院の近くに待機したいと思うようになっていきます。そうすればそれだけ患者さんや医療の現場に身をささげることができると判断したものです。またそれがあたりまえというのが若い私たち看護師の仕事ぶりでした。それを

誇りのように思っています。通勤の時間を惜しんでは病院内の休憩室などで仮睡眠をすることも多くありました。

主人には学生のとき看護師のときも夫婦としての満足な時間がないスレ違いの生活でもありましたが、よく理解をしていただいたという感謝の気持ちでいっぱいでした。文句や愚痴などは一切言いませんでしたから。

最初に看護師になって勤務についたところは外科病棟でした。そこには独身で厳しい師長さんがいるという前評判がありました。主任さんは独身の方でした。フランス好きでおしゃれがよく似合った人でいつも小綺麗で何か気品さえも感じられるほどでした。先輩たちは厳しいなかにも優しさを交えて指導をしてくださいました。

看護とは説いて問われて道半ば

看護師をスタートした私は、経験をつむなかで説いたり問われたりしてようやく半人前になりました。

初めての深夜勤務

最初の深夜勤務は厳しいという噂のある師長さんと一緒でした。外科病棟に睾丸《こうがん》の悪性腫瘍で入院している16歳のAさんという高校生がいました。Aさんは奥にある個室にいます。またターミナルケアの必要な人のなかには1日に何回も麻薬（モルヒネ）を使用する患者さんがいました。痛みはとれます。そのAさんもその1人でした。Aさんが「血圧が下がりはじめ状態は良くない」という準夜勤からの申し送りを読んだ後、変な胸騒ぎがしました。そんななかでその夜の勤務につきました。確かあれは、午前2時過ぎだったと思います。彼からナースコールがあり駆けつけました。彼は「痛いよ」と訴えていました。でも「これ以上、麻薬（モルヒネ）を使うと命に危険がある」と師長さんが言いました。主治医は家族に延命するかどうかを尋ねます。家族は「命が危なくても今の痛みをとってほしい」と懇願しました。そこで、その医師は家族の総意を受け入れて麻薬（モルヒネ）を使うことにしました。注射するとAさんは痛みがとれたのです。静かになって寝息をたてて深く眠ったのです。寝息をたてていたので一同が安堵《あんど》していました。でも再び目覚めることもなかったのです。それがAさんの最後となってしまいました。初めての深夜勤で初めての患者さんの死に遭遇しました。そしてエンゼルケアをしました。エンゼルケアとは亡くなった方の身体を綺麗にしたりお化粧をしたり、生前の衣服などを着せてあげることです。すべてが初めてという体験ばかりだったせいもあって時間のたつのがとても早く感じられました。本当に大変な出来事でし

た。Aさんの死を看取ることになったことで疲れもピークに達していました。そんな初めての深夜勤務だったと記憶しています。しばらくしてから外科病棟から手術室に勤務が変わりました。

手術現場は修羅場です

ここは前の病棟とは違いました。このとき初めて知り得たことがありました。各科によって担当する病気や手術の方法などがまるで違うのです。それに手術に使用する器具や機器などもそうでした。覚えることが急に多くなり大変でした。

最初の出来事は救急車で搬送されてきた緊急処置が必要な虫垂炎の患者でした。私が配置換えできたばかりのころです。医師たちはゆっくり優しく忍耐強く教えてくれていました。しかし緊急な手術になると……患者に集中しますからまごまごしていると「遅い」と言って怒鳴られることがあります。器具などの受け渡しでも感情が先立ち苛立ってしまうのです。器具などがぶつかり合うこともありました。手術室は患者さんが生きるための修羅場なんです。ただ、医師や私たち看護師は生きようとする患者さんのお手伝いをしているにすぎません。

　手術ともなればピーンと空気が張りつめますが、術前のオリエンテーションでは「どのように病気を考えどんな環境で手術を受けさせるか」などを話し合います。

　麻酔の前には患者さんの好きな音楽を流すこともありました。それで患者さんの緊張が解《ほぐ》れるのです。基本的に1件の手術に1人の看護師が介助にあたります。手術が長時間ともなれば何人かの看護師が交代で介助にあたります。手術に携わるときには、前日から水分や食事を制限したりして体調を整えて準備します。私はICU

（集中治療室）、HCU（ICUより重篤度の低い患者の治療室・高度治療室）、CCU（重篤な患者がいる治療室）、NICU（新生児特定集中治療室）などの病棟や外来などの部署を経験しました。そんななかで医療現場での看護業務は「これでいいのだろうか？」と疑問をもちはじめ、「患者さんたちは自分の意志で生きている」のではなく「医療の力だけで生かされている！」のではないかとさえ思うようになりました。過密な看護業務のなかで疑問が起こり自分独りで自問自答していました。そんなとき主人に相談をしたのです。

主人は海外での看護活動を体験することを勧めてくれました。

そして海外での看護活動に参加することになるのです。

2章

恩師マザーテレサから命のエンゼルケアを学ぶ

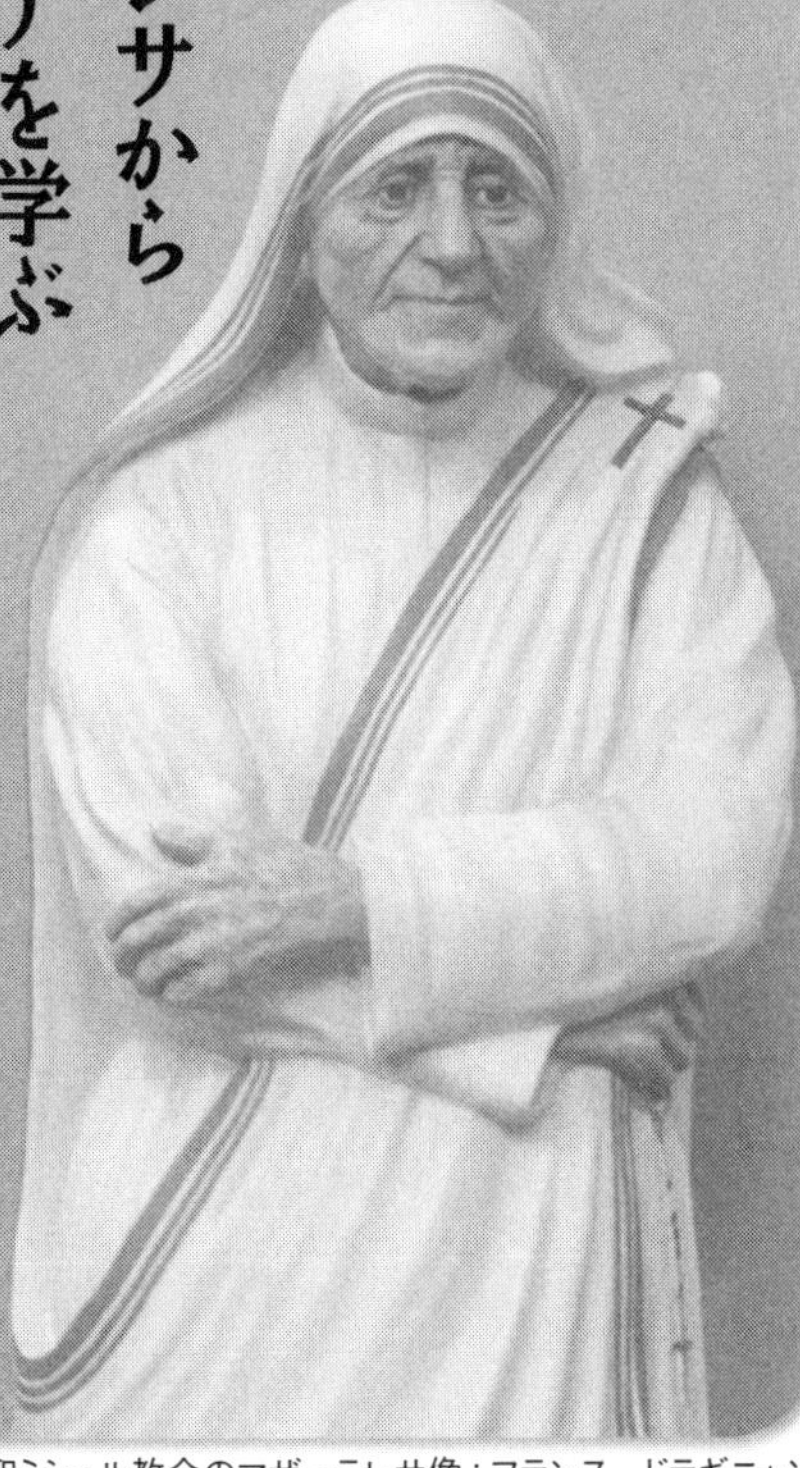

聖ミシェル教会のマザーテレサ像：フランス　ドラギニャン

マザーテレサとの出会い

海外での活動は紛争地帯でした。そこは不衛生な場所で医療、貧困の格差などがあり、日本では考えられないものでした。子どもたちも多くいました。私利私欲のかたまりの大人たちに比べ子どもたちは純真なのです。どんな状況下でもどのような状態にあろうとも何ひとつ疑うことを知らない子どもたちの瞳は澄んでいました。今も一生忘れられない子どもたちとの出会いとなりました。あのヒットした歌手のさだまさしさんの「風に立つライオン」のような気持ちになりました。海外の活動のなかで一番印象に残ったことがあります。それはインドでの出来事でした。

ノーベル平和賞を受賞したマザーテレサさんとの出会いでした。マザーテレサさんのことをシスターと記すことにします。

シスターは私を見て……「Please」と言って、側にくるように優しく促します。私は、促され側《そば》に行きました。が、足がすくみ一歩も前に踏み出せないのです。そこには一人の男性が横たわっていました。

その男性は……私に「Water」と言っています。

私に手を伸ばしてきて水を求めていました。

私は一歩また一歩と後ずさりしました。

私は……どうしよう！

病気が移らないかしら……どうしたら、水を飲ませることができるんだろうかと……考えながら立ちすくんでいました。

体が硬直して動かないのです。とにかく恐くて恐くて、早くこの場から立ち去りたいと思うけれどどうにも体が石のようになって動かないのです。

シスターはその男の人に近づき水を一口自分の口に含みその男の

人の傍《かたわ》らに屈《かが》みました。そして口うつしで水を飲ませたのです。その男の人は一口二口と喉を鳴らしながら……水を飲みました。そしてシスターに手を合わせました。私の胸がジーンと締めつけられたのです。しかし、それから10分もしないうちにその男の人は息をひきとりました。

私は……愕然《がくぜん》としました。

……その男の人は水を飲みたかっただけなのに。

……それができなかったのです。

その現実に圧倒されていました。

その時です。

どっと悲しみが押し寄せてきました。一歩前に進みでて看護ができなかったことが悲しかったのです。その男の人の顔がうなだれてはいましたが、笑顔のようにも見えました。両手を胸に組んで（シスターが十字をきって主イエスさま……と祈ります）静かに目を閉

じて亡くなったのです。私はその男の人に看護の手を差しだすことができなかったのです……周りに人がいますが……大声で泣き崩れました。キリスト教の信者である私も「イエスさま……」と手を合わせていました。

恩師のシスターは泣きわめく私を止めることもなくただ優しく抱きしめました。手の温かさのなかに力強さをしっかりと感じとることができました。その時、改めて病気の症状や外見に惑わされず恐れずに患者さんが「今、何が必要で？　どうすればよいのか？」を実践で学ぶことができました。

「シスターの口うつし」のように、まず動揺しない。躊躇《ちゅうちょ》しない。勇気をもって患者に手を差し伸べられる自分になれるようにこころに強く刻みつけたのです。この実践が私の看護師としての基本・指針となったのは言うまでもありません。シスターの思いやりの込められたエンゼルケアが私のこころを刺しました。

シスターの愛に触れてなきにけり

マザーテレサさんの深い信仰を目《ま》の当《あ》たりにした驚きと感謝でいっぱいになって涙が止まらなくなりました。

2度の流産、3度目の妊娠では……難産

海外での経験は、私にとって大きなプラスになりました。日本に帰ってから周りの同僚たちに「淡路さん変わったね！　カドがとれて丸くなったみたい」と言われました。海外看護の経験がその後のホスピスターミナルケアをするにあたってとても役にたちました。

私は、仕事にのめり込んで夢中で看護に励みました。でもその間、2回の流産をしてしまいました（それでも、主人は子どもを授

かる望みをすてませんでした）。でも2回の流産が体を子宮を痛めつけていることにまったく気がつきませんでした。そして3度目の妊娠で子どもを授かり出産します。ところが微弱陣痛《びじゃくじんつう》で子宮口が開かないために3回ほど陣痛促進剤を投与されました。それでも出産には1日がかりの難産となりました。子宮口を出た私の子どもは呼吸をしておらず仮死状態で生まれたのです。すぐに救急車で近くの市立病院のＮＩＣＵ（新生児特定集中治療室）に運ばれたのです。集中治療室で懸命な治療をしていただきました。その結果、私の子どもの命は助けられました。でも難産によることと仮死状態であったことから脳性麻痺と診断されました。私の子は度重《たびかさ》なるけいれんと発作があり「てんかん」の治療を始めなければならない状態となりました。治療のために私の子の名前が必要となりました。そうすれば保険証の交付が得られるからです。そして、私の子に健やかに育ってほしいという願いで主人と話し合い「健一」と名づけました。

健一は３４００グラムで生まれたのです。

　生後５日目ごろから病室の皆《みな》さんから「けんちゃん」と呼ばれるようになりました。産後の経過はよく１週間で産婦人科を退院しました。それまでは母乳をしぼってＮＩＣＵに届けるのは主人の日課でしたが、退院してからは私の日課になりました。毎日、ＮＩＣＵに通っていましたが、面会はできない状態でした。健一と初めて対面できたのは生後３週間後のことでした。健一は、親の私が言うのもおかしいですが、目はパッチリと大きく主人に似た美男子でした。前髪が金髪のようでよく看護師の同僚から「お父さんは外国の人」とからかわれるほど可愛らしいのです。５月８日に生まれ、ＮＩＣＵを退院したのは２カ月後の７月半ばでした。

　今まで母乳を運び１回の授乳しか経験していない私は退院して自宅で子育てするのが不安でした。健一の身体の緊張が強く抱くのも一苦労というか、どのようにあやしてあげたらよいかわからない状

態なのです。母乳を飲むスピードも遅く1時間以上かかることもたびたびでした。身体の緊張が強くけいれん発作（自宅ではおこしてはいません）があるため予防にけいれん止めの坐薬と睡眠薬を使用していました。

自宅で1カ月半ほど過ごしました。が、NICUの主治医の勧めもあり東京都板橋区にある心身障害児総合医療療育センターに母子入院しました。

ここでは入院とは言わず、母子入園と言っていました。

9月に入り健一は生後3カ月となっていました。私は健一と一緒に母子入園しました。ここで機能訓練や言語療法、心理療法、保育などを学んでいきます。退園後、これらの訓練・学習が自宅での母と子の生活支援に役立てられることを目的としています。母子入園には北は北海道から南は沖縄までも含み全国の至る所から集まっていました。全国から集まった20名位の人たちが共同生活をします。

施設側から親子への食事の提供はありません。訓練を兼ねていますので自分たちで用意します。もちろん、そうじ、入浴、洗濯などもそうです。ここで覚えたことを家庭に帰ったときにもきちっとできるようにという施設側の配慮でもあります。寝床はベッドではありません。布団の上げ下げも機能訓練になることから和室があてがわれました。和室は2人部屋とか個室での生活でした。

母子入園には母子ノート（日記みたいなもの）があります。毎日、私たちお母さんたちは子どもの成長の悩みごと、心配ごとなどを書きなぐります。そうです。ありとあらゆるさまざまな出来事を書くのです。これは母と子の苦楽を共にした日記なのです。体験した者にしかわからない奮闘記なのです。そこには我が子の命を長く燃やし続けたい、元気でいてほしい、育ってほしいという母の願いがあるのです。もっと言えば、今日も生きてくれてありがとうという感謝の手紙でもあります。後で誰が読んでも我が子が一生懸命に

生きた跡を辿れるような命の燈籠《とうろう》のようなものだと思っています。

1週間に1度、外泊のときにはナースステーションにノートを提出します。

外泊は母と子の訓練の実践として行われます。

大勢のドクターや看護師の方に日記を読んでもらってコメントをもらいます。コメントは心温まる言葉や指示が書かれていますので、何度も折れそうになった私のこころの支えになったのは言うまでもありません。外泊から帰ってきてはそのコメントを読むのが楽しみの1つになっています。

またもう1つの楽しみは子どもたちを寝かせてからのお母さん方との団らんのひとときです。子どもと過ごして楽しかったこと、苦労したことなどを皆で共有します。そこではいろんな体験談が飛び出します。そして語り合うのです。全身が耳のようになって聴いています。すると我が子の育て方への貴重なアドバイスとなっていることが多くありました。言葉が腑に落ちてきて元気になっていきます。

……うれしかったこと・楽しかったこと・悲しかったこと・つらかったこと・悩みごとなどをいろいろと話をして……ときには笑い、ときには泣いたりしました……ハンカチなどが涙でグショグショに濡れます……こんなことが明日への活力になっていきました。

五月晴れ産みの苦しみわかりけり

息子の健一が、産まれるときは、五月晴れのよい天気でした。その天気にはそぐわない出産でした。苦しさがずーっとつづいていました。

健一は一生懸命に闘った

健一は入園している子どものなかで一番年下だったことで皆にかわいがってもらいました。私が風邪をひいて寝込んだときです。他のお母さんたちが交代でお世話をしてくださいました。それには感動を超える話がたくさんあります。今でもお母さんたちとは連絡をとり合っています。

最初の母子入園の主治医は口ひげを生やした柔和なドクターでした。ドクターは沖縄から勉強にきている先生でした。

沖縄の方言があり「けんちゃん！　元気」と言って毎日励ましてくれます。ある日、健一がいつもと違う泣き方をするので、顔を覗き込むと健一の両眼球の黒目が上下に左右にグルグル回っていました。ビックリして先生を呼びにいきました。先生は健一を抱いて診断しました。

「薬（のみ薬）での治療は難しいのでステロイドを毎日注射する方法で治療しましょう」と、言って丸くなっている私の背中をポンと叩いて、お母さんも「がんばってください」と励ましの言葉をかけてくださいました。

その治療は1カ月ほどにもおよびましたが、治療がうまくいって健一の眼球が治り発作もなくなりました。3カ月の母子入園の間に、母乳から離乳食へと変わりました。健一の授乳は時間がかかりましたが、離乳食はもっと時間がかかり大変でした。一生懸命にモゴモゴして食べようとしているようすはありますが、健一は舌、喉をうまく動かしきれないせいで食べるのが遅くなるのです。そんなこともあり、食事をするのに1時間かかることがたびたびありました。それを見ていたドクターや看護師さんたちが心配して声をかけてくださいました。「焦《あせ》ってそんなに無理して食べさせないでいい

ですよ。けんちゃんがんばっていますよ。のんびりいきましょう。喉に詰まると食事が大嫌いになりますよ。無理をしないようにしましょう」と注意をもらったくらいです。母の願いは早く成長してほしいという思いがありどうしても焦っている自分がいるのです。

ということで皆さまから多くのアドバイスをいただきましたが、焦りは止まりませんでした。こんなことが重なったせいもあって、健一は離乳食が喉を通らないでつまるようになっていきました。それで食事のときには苦しそうな声がします。

それが重なったことでとうとう誤嚥《ごえん》性肺炎にかかってしまいました。

その後、離乳食を諦めて経口摂取《けいこうせっしゅ》となりました。

ストマックチューブでの経管栄養《けいかんえいよう》（管を使用して消化管内に栄養食を投与する）をすることになりました。吸入の器械も必要になりました。

私は幸いにも産前にこの治療を経験していましたのでこころの動揺を抑えることができています。が、そんな健一を見ながら涙がでてきて止まらなくなるのです。目の前が涙で霞がかっています。健一の手を握り母の願いが届いてほしいという思いを寄せながら、声にならない声で「がんばって」と祈るばかりでした。でも……この治療の経験が健一を救う治療現場で役立つとは思ってもいませんでした（医療の最前線にいたからわかるのです）。

母子入園も2カ月を過ぎるころだったと思います。

心理療法やら保育方法の学びを実践していると健一の表情にも変化が表れてきました。もちろんドクターも私も安堵しました。「けんいち」「けんちゃん」「ケンケン」と名前を呼ばれると……返事をするかのように……「アーアー」と応えます。その時は、ワクワクするような元気な笑顔も見られます。

母子入園では、健一の主な食事には吸入器とタンをとるための吸

看護師が見てきた！
いのちの
最後の砦《ICU》

引器、流動食を入れるためのアトムチューブ（管）を使用しました。健一はいやがりませんでしたが、でも一生懸命に受け入れていたかもしれません。痛がっていたかもしれません。まるでここでも病院にいるようでもありました。機器や道具などがいっぱいならんでいます。健一には機器や道具がおもちゃのガラガラのようにも見えていたのかもしれません。機器や道具から音がでます。そんな機器や道具に囲まれて過ごしたのです。生まれたときからそれらの機器があったからです。でもそれらの機器や道具からどんなことを健一は感じたのでしょうか。このときは成長して大きくなった健一から話を聞けばわかると思っていた私でした。それで退院して自宅へ帰り健一との新生活が始まったときのことです。健一のためになんとか乗り越えようと思い母子ノートに書かれたドクターや看護師さん方からのアドバイスを読み直しました。そこには涙の沁《しみ》があちこちにあるのです。これがこれからの生活の心の糧《かて》になったのは言うまでもありません。

　私と健一の宝となっていました。

　自宅での生活は健一の体調に合わせて食事、入浴、水分補給などをしながら看護と家事の両方をこなしていました。健一のために自宅と市立病院と療育センターの3カ所を行き来する生活が続きます。母子入園も3回目のときでした。小児科病棟に入院を勧められました。それまでは、なんとか元気で育っていたと思っていたんですが……

　それは健一が3歳のときでした。2月に風邪にかかりました。風邪をこじらして肺炎になって、市立病院の小児科病棟に入院したのです。健一はここで6カ月間頑張りました。小さな命も体力の限界に達しているかのようでした。

　この6カ月間、健一にはいろんな命の試練が待ち受けていたのです。

高カロリーの点滴を細い手や足の静脈から入れるのが普通ですが、健一はそれができないほど細い体なのです。それで、鎖骨下静脈《さこつかじょうみゃく》から点滴を受けるための手術が必要でした。その夕方、病衣からパジャマに着替えさせようとしたときです。健一の左胸の腫れている部分に触れたのです。触ると痛みが凄いようで激しく泣き出しました。すぐに看護師さんに連絡をとりました。主治医が駆けつけてきてレントゲン検査をしました。中心静脈栄養（ＩＶＨ）の管が血管をつき破って血が肺のなかに出血しているという診断でした。

私は……どうしてこうなったのでしょうか？　と主治医に尋ねました。

その医師は「体が動いたときに管が動いたとも考えられますね。その他のことはわからないです。でもすぐに処置をしないと命が危ないんです。ここで処置するか……退院して別な病院に移るか……決めてください」と言うのです。私は看護師ですから我が子のようすを見て、医療事故が起こったと内心思いました。が、医師を責めることより健一を助けてほしいという母の願いが大きかったので、それ以上何も考えずにいました（今なら……医療事故で大変なことになっていたと思います）。主治医に「すぐ処置をお願いします」と言いました。

当時は今ほどに患者の立場は強くなく医師が絶対的な権限をもっていたように思います。私は母子入園での医師のことをドクターと言っていますが、口ひげを生やした優しい先生でした。賢明な読者の人は私なりに言うドクターと医師の使い分けの違いのニュアンスは感じとっていただきたいと思います。ここの医師とは小児科医師の先生たちです。

主人に連絡を入れました。すぐ病院に駆けつけてくれました。左《ひだり》鎖骨《さこつ》に入っていた点滴の管が左の鼠径部《そけいぶ》に入っているのをレントゲン写真で確認してから病室に帰ってきました。鼠径部は股の付け根

の近くにある三角状の部分で、ここには大腿《だいたい》動脈や静脈が通ってい
るのです。神経もたくさん通っているところなのです。
主治医は「たくさん出血したので、輸血する必要があります。で
きるだけ早く輸血を……輸血はA型です……20人の人を連れてきて
ください」と主人に言ったのです。
主人は朝になるのを待って、友人や知人に連絡を入れて20人を集
めました。私もA型だったので準備をしましたが、お母さんからは
血はとれないと言われました。集まっていただいた人のなかには肝
炎の患者さんがいましたので、輸血が足らないのです。足らないの
は日赤病院の血液で輸血することになりました。
私は中心静脈栄養は失敗だったと思っています。それに輸血によ
る劇症肝炎《げきしょうかんえん》の発作、院内感染などや治療のために使用した薬の副作
用で健一の髪の毛、まつ毛、眉毛、体毛など毛という毛がすべて抜
け落ちてしまいました。免疫力などの抵抗力のない健一は黄色ブド

ウ球菌（ＭＲＳＡ）が増殖してその細菌が心臓に入ってしまいました。それでまた心内膜炎を併発してしまいました。健一は痛みがつらくて痛い痛いと泣き声と動かしにくい身体をよじりながら顔をくしゃくしゃにします。もう主治医はわかっていたと思います。主治医は外泊を勧めました。

というのは「今は、少し落ち着いているし、入院も長くなったので１泊なら外泊してみましょう」と言いました。それで、主人と私と痛々しい姿の健一の３人で病院の外で過ごしました。健一を真ん中にして布団を川の字に並べて３つ敷きました。その時です。目から大粒の涙が溢れだしました。３人でこうしていることが自然な姿ですね。健一の生涯のなかで親子３人がそろっていることに幸せを感じました。このように健一と川の字で寝るのは最後となってしまいました。そして……翌日には病院に帰りました。

泣きじゃくる我が子の機嫌取りにけり

3歳の健一、白衣の医師を見て、泣く姿に苦悶する母の姿。

健一の命が危ない

また健一は大きなベッドに寝かせられています。健一の周りには色々な機材や機器がならんでいます。健一の顔はゆがんでいます。苦しい呼吸をしています。しかし意識がありません。主治医が駆けつけてきて「お母さん　健ちゃんは危険な状態だからお父さんにも連絡してください」と言いました。私は主人、友人、知人、両親に連絡をしました。皆さんが集まってきてくれたのです。そして、「永子さん！　しっかりしなきゃダメだよ」と言ってくれます。くる人くる人、皆さんが励ましてくれるのです。しかし、健一の病室には機械と機器と管が空間を複雑に刻みこんでいます。見舞いにきた人は、この異様な状況を見て健一の命が危ないと思うのは当然のことです。まだ3歳のこんな小さな命が闘っていることに耐えられなくなってしまうのです。そしてすぐに病室から廊下にでていきます。私も逃げたいと思うけれどここには健一がいる。この子を残していくことはできないのです。これが私のこころです。あまりにも悲しいことなので意識が遠くなり1人でボーとしていると親友の荒木麻那美さんが側にきてくれました。

彼女は震える私の身体を抱きしめてくれます。

「2人ともよくがんばったね」と寄り添ってくれました。私はこころの底からうれしさが湧いてきました。私は、ありがとうと何度も言いました。いや声がかすれてでていなかったのではないか？　なので聞こえなかったと思います。

2人は声をころして大泣きしました。

このとき、マザーテレサさんが私を抱きしめてくれたあの瞬間が瞼にこころに浮かんできました。私はただただ震えているだけでした。でも癒されました。

あの男性の人と我が子の健一が重なっています。

でも今、健一は生きて闘っています。人口呼吸器をつけていても一生懸命に生きています。それでも命はだんだんと小さくなって見えます。平成2年10月8日の午後のことです。徐々に血圧が下がりはじめました。モニターの波形がフラットになっています。「健一」「けんちゃん」と呼びかけてもすぐには応えてはくれません。が、ほんの少し遅れて一瞬の間だけピクっと波形が上向いて動くのです。でも、またすぐにモニターがフラットになります。

主人は、モニターを見つめていました。

「永子……もういいよな。健一は……よく頑張ってくれた。だから、もう痛い目にあわせるのはこれでおしまいにしよう」と言いました。

私は涙が止まらなくなりました。泣きながら主人を見ました。そしてお互いに同意し合いました。健一とお別れすることにしました。

主治医にそのことをお伝えしました。医師は「モニターはつけておきます。後の機器はすべてとり外しましょう。お母さん！　最後まで抱っこしてあげてください」と静かに促します。

その時は、健一の体温と心臓の弱い鼓動が伝わってくるような気がしました。確かに鼓動をしているような……「もう一度、先生、モニターで見てって！」と叫びそうになりました。でも主人が手を握ってくれました。そして、主人が健一を抱っこしました。何度も私と主人が順番に抱っこして過ごしました。

午後3時40分。3歳の健一は眠っているかのように息をひきとりました。

3歳の人生でした。

これで健一と医師とのかかわりは……すべて終わりを告げました。

健一の最後のエンゼルケアは私と主人と看護師さんで行いました。

ちょうどその日は台風が関東地方に接近しておりました。暴風雨のなかでしたが健一を連れて帰ります。病院をでると暴風と激しく降る横殴りの雨でした。主人は健一が濡れないように毛布に包んで両手で抱えています。2人はとぼとぼと歩きました。階段を登るような一歩一歩でした（そうです。今、思うとあれは天国への階段だったのではないでしょうか。健一は天国に召されたと思いました）。ほんとうに階段を登って進んでいるような感じでした。暴風雨なのに濡れることもなかったのです。そんな足取りで時間はかかったけど自宅にたどりつきました。帰り道（健一の一生を思いながら……）はほんとうに長く遠く感じたのです。それは健一を天国に送り届けてまたその足で帰ってきたからだと思いました。私たち夫婦はほんとに往復したのです。だから時間がかかったのだと思うようにしました。こころから「健一、けんちゃんありがとう……すばらしい人生だった」と、褒めてあげました。けんちゃんならきっと「僕も楽しかったよ」と言ってくれたような気がします。最後の夜に「健一とお父さんとお母さん」で3人の布団を並べて寝たのは楽しかったぁーときっと天国で話していると思います。お父さんもお母さんも幸せだったよ。ありがとう！

楽しい思い出を話しながら……

主人と私はしばらくボーっとして佇《たたず》んでいました。数時間が瞬く間に過ぎています。それでも、主人も私もですが、その事態の急変で健一の死をすぐには受け入れることができなかったのだと思います。混乱した主人は健一の写真を全部処分してしまいました。私も健一を亡くした悲しみで動顚《どうてん》していました。冷静な判断やこころではいられなかったのです。でもしばらくしてから1冊のアルバムの

なかに1枚だけ写真が残っていました（笑っているのです。ホッとした瞬間でした）。気落ちしていた私たち夫婦をどん底から救ってくれました。そして……その宝物（写真）をお葬式用の遺影にしたのです。

朝になってから葬儀の準備をしました。火葬を済ませました。私は健一の死からお葬式までの時間が瞬く間に過ぎたと感じたせいもあり、その間の記憶がないくらいです。気がついたら位牌《いはい》と遺骨と最後の1枚の遺影があるだけでした。

2人は位牌の前（1枚の残った遺影）で手を合わせて祈っていました。

3人の子を授かったのに……と思いながら涙しました（絶句しました）。

健一の遺影を見ながらお別れをしました。

それまでのことが、私の頭のなかで走馬灯のように記憶が駆け巡ってきました。どのシーンも健一が一生懸命に生きようとしたものばかりでいっぱいでした。

阪神淡路大震災のなかでの決意

そんな悲しみを吹っ切るように平成3年1月から再び看護師として職場復帰することになりました。その4年後に阪神淡路大震災（平成7年1月17日）が起こりました。私は災害ボランティア活動に参加しました。そして震災から2日後の神戸を目撃しました。ここが日本なのか？　あの神戸なのか？　と思うほどビル、民家、道、河川が崩壊しているのです。原型をとどめるものが少ないのです。

あったにせよ目に見えない損傷があるのです。壊れた水道管からは水が噴き出しているところもありました。被害の大きさは後々明らかになっていきました。まだ、壊れた家々の下敷きになっている人たちがいます。建物と道の境目がないほど飛散物や崩れた家財なども市中に散乱しています。

病院は、多くの怪我をした人で溢れています。次々に怪我をした患者さんが運ばれてきます。どこかで内戦が起きてその戦場のなかの診療場のような有様でした。廊下という廊下は患者さんでいっぱいになっていました。1人の男性が「僕は医者ですが、手術経験者の方はいますか？」と大声で叫んでいました。すぐに私は「ハイ！」と言って手を挙げました。その医師について行くと廊下のようなところで治療を始めました。朝か夜なのかわからないくらい次から次へとくる患者さんの看護をします。なので、いつ食事をしていつ休んだかも忘れるほど必死になって手術のお手伝いをしていました。

ここでも海外での経験や看護が役立ちました。まだ看護師になりたてのころ、すべてがてんてこ舞いでしたが、その分それだけ早く医療を覚えることができました。最初の勤務は外科病棟の手術室でしたから、集中治療室で血が噴き出しても慌てることはなかったのです。それらの経験があったからこそ、ここ大震災の医療現場の緊急手術などでも心構えが身についていたのだとつくづく思いました。

愛情を一途に受け育つ我

4人妹弟の一番上で祖父と祖母、両親の愛情をたくさん受けて育ちました。

3章　看護師魂を発揮する

看護師という天職を活かす

忙しく看護師の仕事をしていると不思議なくらい健一を亡くした悲しみが薄らいでいるのです。そうです。健一は天国で楽しく遊んでいるのだから。今はそれでいいと思っています。

看護師の管理職につきました。それで益々仕事が忙しくなり夢中になっていたのです。このときはまだ、自分の身体内の変容や病気の種が忍びよっていることにはまったく気がつきませんでした。でも私には病魔が近づいてきていました。それは突然起きました。

いつものように朝になって起きようとしました……目が開かないのではなく開いているのですが……何も見えないのです。何が起こったのか理解できません！　たまたまその日は休日でした。主人にお願いして急いで眼科医のいるところに連れて行ってもらいまし

た（見えないので不安と恐怖が襲いかかります）。主治医の診断を受けました。検査の結果は糖尿病性網膜症という病名でした。すぐにでも入院を勧められました。糖尿病の治療で内科に入院しました。その時は、目が開いて……何かがぼんやりと見えました。それもほんのつかの間の出来事でした。そして間もなくして右目が見えなくなりました。何か電源がオフになったように視界が真っ暗になったのです。それは眼底出血による網膜剝離になっているということでした。レーザー治療では治せないというのです。そのために網膜剝離の名医がいる大きな病院へ転院することになります。

左右3回ずつの手術を受けました。しかし右目は失明し左目も視力が0・02以下という状態になってしまいました。幸い左目が助かったのです。涙が溢れだし止まりませんでした……何でこうなるのだろうと考え込みました。

なぜもっと早く治療をしなかったのだろうか？　と後悔するもそ

れはしかたのないことでした。度重なる看護の疲れから眼底に痛みがあったことを思い出したのです。看護師として病状に早く気がつくべきなのだと反省する私でした。気がつかなかったことが悔しかったのです。自分の身体を労《いた》わることが患者への労わりにもつながるのだからしっかりしないさいという思いで自分を叱咤激励《しったげきれい》するのでした。そんなころでした。新しい仕事用のナースの靴を買いました。これがよくない結果を招きました。靴ずれができました。その傷口から病気が併発するのです。糖尿病のこわさを改めて痛感し恐ろしい病気だと思いました。糖尿病はだんだんと健康な身体を蝕んでいく病気だったのです。読者の皆さまもどうか糖尿病にならないようにご注意ください。このような苦しみは私だけでもう終わりにしたいのです。糖尿病って怖いのです。

糖尿病性壊疽《えそ》ということになって、私は左足の指5本を失うことになったのです。そして、その後、短下肢装具《たんかしそうぐ》をつけて生活するこ

とになりました。

私が糖尿病性壊疽で整形外科病棟に入院中のことでした。今度は、主人が平成14年5月14日の未明午前3時ごろ交通事故にあったのです。

その年は町内会のお世話で班長という役をしていました。13日は町内会の集会があり終わってから仲の良い隣人の三上さんと食事にでかけたのです。その後に、飲み会にでかけました。2人が歩いて帰宅しているときです。もう自宅間近にある資材置き場で事故にあったのです。こんなことがあっていいのでしょうか。

ドライバーは26歳の男の人で飲酒運転でした。ひき逃げでそこから逃げて行ったのです。主人と隣人は車の勢いではじき飛ばされました。幸い隣人は右手の骨折だけで難を逃れました。ところが主人は頭蓋骨骨折《ずがいこつこっせつ》と脳《のう》挫傷《ざしょう》、脳出血という診断でした。

主人が奇跡の生還をする

私は、外出するには主治医の許可が必要でした。その許可がでるまで待っている時間（主人の命がもたない……）がないみたいなので、許可がないまますぐに私は車椅子で出かけました。そこには救急病院に運ばれた主人がベッドに寝かされていました。主人の意識はもうろうとした容態でした。もうろうとした意識でしたが、私がきたのがわかったのでしょう。安心したように間もなくして意識が薄れていったのです。脳外科の主治医は「脳出血が止まりません。すぐに手術をしないと命の危険があります」と説明してくれました。

手術には何枚もの同意書を書く必要があります。1枚1枚にサインをするのですが、どんな書類があったのかさえ覚えていません。私のサインが終わったら、主人はすぐに手術室に運ばれて行きまし

た。私の腕や手の平や指はサイン疲れで痙攣《けいれん》をしていました。そしてすぐに手術が始まったのです。

なんと手術は5時間以上もかかりました。手術が終わりＩＣＵに運ばれました。事故にあった隣人の三上さんと奥さまが術後に駆けつけてくれました。そして私が連絡をした麻那美さんと内田さんも駆けつけてくださいました。親しい友に囲まれてやっと自分のおかれている状況がよく理解できました。

主人の主治医から「手術は無事に終わりましたが、今はまだ危険な状態です。ここ1日、2日が峠だと思います。会わせたい人がいたら会わせてください」と言われました。主人が事故にあったことを福井に住む私の両親と主人の両親に知らせました。

私の両親と主人の母親とお姉さんがすぐ駆けつけてくれました。

ＩＣＵの面会は1日に2回と決められています。12時と15時の2回ですが、福井からの私の両親はそれらの時間には間に合いません。それでも急いできて17時過ぎに着きました。それで特別な許可がおりて5分間だけ面会をすることができたのです。親族は病院の近くにあるホテルに泊まりました。また病院にきていただいた友人、知人には感謝でした。もう夜半近くになりましたので、お礼を言って自宅に帰っていただくことにしました。病院に戻った私に看護師さんは「何か食べたの?」と言ってくれました。そう言われてそうだ私は何も食べてなかったことに気がつきました。

　やっと床に入っても心身共に疲れているのに寝つかれません。でも長い1日が終わったと思いながらも「私がへこんだらダメになる。頑張っていかないと……」と自分に言い聞かせました。翌日はＩＣＵの面会時間に合わせて外出許可をとりました。タクシーで主人の病院に向かいました。主人は手術の翌日も意識が戻らず「危険な状態」は続いていました。主人の母親とお姉さんはもうあきらめて葬式の準備をすると言っていました。その夜、夜行列車で田舎に

帰ると言いだしました。そしてそのまま田舎に帰ったのです（孫を亡くし、今度は息子〈主人〉が亡くなることに心底から絶望し希望をなくしたのだと思います。今だから言えるのですが……主人の母も辛かったのだと思いました）。私の両親は「ホテルはお金がかかるので」私の自宅に泊ってもいいかと言いました。私は言葉がでないくらいうれしくて涙が溢れました。鍵を渡し私は病院に帰りました。両親は私たちの家で健一の遺影に手を合わせて涙を流したと思います。いや私は両親に健一の遺影を見てほしかったのです。そうなんです。痛みに耐えて最後まで闘った健一を見てほしかったのです。今、また主人も危篤状態ですから。このときは命がまだ助かるかどうかもわからない危険な容態でしたが、両親がそばにいるだけで主人の命が助かるような気がしたのです。　私の両親も義母も悲しみの淵に沈み込んでいます……私も母の早産で私の妹が亡くなり、また健一も脳性麻痺がもとで元気な体ではなく衰弱して痛みに耐えながら亡くなったのです。そしてまた私の主人が交通事故で危篤状態にあることを思うと、涙が出て止まらなくなるのです。でも私は人生の大半が看護師でした。多くの患者さんを看護しながら、実はその患者さんたちの姿から勇気をいただいてきたのです。と、いろいろと考えていると、驚いたことに自然と勇気が湧いてきて自分への自虐的《じぎゃくてき》な思いを吹き飛ばすことができたのです。

私は……私の入院生活と主人の面会が日課となりました。主人は入院してから1週間目にやっと危険な状態から脱しました。

「危険な峠は越えました」という主治医の言葉を聞いて私の両親は福井に帰っていきました。

主人はＩＣＵから個室に移りましたが、脳に血液がたまらないようにドレーンチューブが入っています。意識も戻ってきました。でも主人の身体、手、足は抑制帯でしばられていました（身体が動かないように固定されています）。

主人は大量の出血があったため輸血が始まりました。でも個室料金の請求書を見てびっくりしたのを覚えています。私はどのようにして支払うべきかを思案しました。

事故を起こした犯人は事故現場にもどったところを捕まり逮捕されました。

事故を起こした犯人は勤めていた会社の社長の車を無断で乗り回していました。私はその当時のことを今でもよく思い出します。

主人の入院費、私の病院の費用などです。それも働いていないので収入がないのです。お金はただでるだけでるのですから。今、思うとどのようにして支払いをしたかがわからないほどに混乱していたのです。これはほんとうの話です。

私は1人では事故の交渉ごとは不安があったので弁護士さんに頼むことにしました。

私は、足の術後の経過がよかったので退院し自宅に帰ることができました。これからは松葉杖の生活が始まります。主人も徐々に回復し動けるようになりリハビリを始めるのです。主人がさらに体が動けるようになると新聞が読みたいと言いだします。病院の売店で新聞やほしい物を買うようになりました。また体力がついてきたこともあり、病院の近くにあるコンビニや食堂にも行くようになりました。遠くまで行って病院に帰れなくなり警察のお世話になることもあったのです。主人は病衣のまま外出したのです。その後、警察のお世話にならないように病衣の背中に主人の名前と病院名と電話番号を書いた名札がつけられていました。それとは知らず主人は外出をしますが、名札に気がついてからはかっこわるいと思ったのでしょう。それからは上に作業着を着たり持っていったりしていたと言います。担当医師（主治医を支えている周りの医師たち）や看護師さんたちに外出着のことで相談しますと、作業着でもよいという許可がでました。すると主人は早速、外に作業着を持っていき着替

えていました。今度は「帽子を買ってきて」と言います。それは手術のせいで頭が丸坊主でしたから。手術で陥没《かんぼつ》した頭では見栄えがよくないと思い納得したしだいです。手術やキズ痕でそれも痛々しいのです。

頭蓋骨の型をとりセラミックで陥没を埋めるための整形が必要となりました。そこで、24時間体制の高度医療の急性期病院からリハビリ病院に転院しました。その病院は遠くにあるので電車とバスを乗り継いで行くことになったのです。主人は長い入院生活（約2カ月）になりました。この間、面会するのにも時間がかかりました。また主人は病院の食事が口に合わないと言っていました。そこで、毎日、ヌカの漬物や好物のおかずを作って持っていきました。そのリハビリ病院の近くには相撲部屋があります。そこに行ってけいこのようすを見るのが楽しみだったようです。

しばらくして、頭蓋骨に埋め込むためのセラミック人工骨の型が出来上がってきました。そのために、主人はまた手術することになりました。主人の入院生活は半年ほどかかりました。退院後は、毎日、電車でリハビリに通いました。最初は一緒について行っていましたが、主治医から「1人で通院できるかな。やってみますか。やってみてください」と言われました。

それで、定期券を購入し1人でリハビリに通うことができるようにしてあげました。しかし、「リハビリに行く」と自宅をでるにはでるのですが、いざ、でかけると何をしにどこへ行くのかさえも忘れて戻ってきてしまうことが多くなりました。でも自宅には帰ってくるのです。不思議でした。

主治医の先生に相談し、色々な検査をしたところ「高次機能障害」という病名が1つ追加されることになったのです。お風呂場のガスを消し忘れたり、味噌汁を鍋で焦がしたりといろいろなことが起こりました。でも主人はがんばると言ってくれました。メモを書いて

残して今やっていることを忘れない工夫もしました。主人は努力家でした。まるで……「博士の愛した数式」にでてくる映画の主人公のようにメモする生活が続くのです。もう1人で何でもできるようになっていきました。そこで、私は、看護師に復帰しようと考えるようになりました。それにしても私が看護師に復帰するにも主人1人残して出掛けるのは、まだ心配がありました。

何故、こんなときに看護師に戻りたいと思うのか……私のこころの内に分け入って何日も悩みました。その時です。恩師のマザーテレサさんの姿が目に浮かびました。私も、この道を選んだ1人です。がんばろうという力が湧いてきたのです。そして……また、この道を後押ししてくれた母に感謝しました。

母が「手に職をつけなさい」と言ってくれなかったら今はなかったですから。

私は、看護師に復帰する

決意しました。私は看護師の仕事に復帰しました。

主人のこともあり、日勤業務だけにしてもらいました。主人はリハビリと家事をする主夫になりました。何年かは穏やかな日が続きました。

しかし、私が48歳のときです。今度は風邪から肺炎を併発してしまいました。基礎疾患があるために左肺門部に悪性の間質性肺炎を起こしました。間質性肺炎とは、胸には酸素を取り込む肺胞がありますが、そこが固くなって酸素を体のなかにとり入れることができなくなる病気なのです。

私はベッド生活で安静の状態が続き気管支鏡という2度と受けたくない検査を経験しました。入院して2カ月が過ぎようとしたころ

に子宮筋腫が発覚しました。そこから大出血となり緊急手術をして子宮と卵巣全摘出を受けました。摘出した子宮は新生児の頭部くらいの大きさがあって、重さが1キログラムあったと聞きました。

子宮摘出後はホルモンのバランスがくずれて異常な発汗と肩こりに悩まされました。ホルモン治療も勧められました。「治療後、しばらくたてば自然と慣れてくるから」というので産婦人科の主治医の言う通りにしました。すると1年がたつころには気にならなくなりよくなったのです。

主人はリハビリと自宅での生活に慣れてきました。仕事にも復帰するという一大決心をして仕事に戻ることにしたのです。しかし高次機能障害もあって、仕事をこなせるかどうか自信がないようでした。それでなかなか仕事につくことができないのです。毎日、ボーとして過ごしている主人を見て「何か資格をとったら、学校に通ってみたら」と勧めました。

近くにエルダーホームというヘルパーの学校がありましたので、勧めました。根っからの気まじめさもあり1カ月ほど通いました。ヘルパー2級の資格をとりました。資格をとると今度は自動車教習所に通い2種免許をとりました。2つの資格をとりデイサービスの仕事につきました。このころになると高次機能障害も気にならないようでした。高次機能障害もどこかに行ってしまったのでしょう！

主人は生きがいを見つけたようです。私は喜びでいっぱいになりました。しかし、再び私の身体に異変が起こります。私は自分なりにではありますが、看護師でもありますしセルフケアはしていたのですが……2人の生活が順調かと思っていた矢先でした。また私に病魔が襲いかかりました。それは私が50歳のときでした。忘れもしません。あれは7月18日の金曜日でした。その日の夕方、日勤が終わり帰ろうと支度をしていました。すると突然、ナースステーションで意識を失い倒れてしまいました。私にはその時のことは一

切記憶がないのです。すぐに担架で救急室に運ばれたようです。救急室に運ばれ検査が行われました。

主治医は「急性心筋梗塞」と診断しました。病院からの連絡で駆けつけてくれた主人に対してその主治医は「右と左の冠動脈が同時に血栓でつまり大変危険な状態です。助かる確率は半々で50％です。これからとりあえず右の冠動脈を広げる手術をします」と言ったそうです。手術が終わり主人が自宅に着いたのは翌日の昼ごろだったようです。すぐに両方の家族に連絡をとりました。親は高齢のために代わりに私の妹と弟がきてくれたようです。私は意識がないためにまったく誰がきてくれたのかさえ知りませんでした。約1カ月の間は集中監視治療システムのある病室（ＣＣＵ）で過ごしました。ＣＣＵとは狭心症や心筋梗塞など心臓血管系の重症患者を対象とする特殊な集中治療室のことです。そこで私は意識をとり戻したのです。なかなか身体の状態が落ちつかず左冠動脈を広げるカテーテル手術を9月ごろに受けることになるのです。そして4カ月ほど入院することになるのです。その後、リハビリが必要となりました。それで今いる病院からリハビリ病院の方へ転院を勧められました。2カ月間のリハビリを終え自宅に帰りました。主人はデイサービスに勤めながら今度は私を介護してくれました。

主人と私は幾度も介護をしたりされたりしながらですが生きています。主人は「似たもの夫婦って！　これ本当だね……我々夫婦のためにあるようなもんだね～」と苦笑して言ったのです。

私の頬には一筋の涙がすっと流れていきました。でもこの涙は生きたいと思っても生きられなかった妹や健一の涙だと気がつきました。私たち夫婦は、生かされていてまだ生きているのだと思いました。

支え合っている2人はそれでも人生を諦めないで涙を流しながらでもいいから歩いていこうと誓い合うのでした。

4章

天職としての看護師！
さようなら、私の足さようなら！

52歳、看護師生活にさようなら

主人の介護を受けながら……私は最後の決断をしました。

このとき、もう看護師を続けていくのに限界を感じていました。このとき天職の看護師生活に戻れない身体になったことを悟りました。そこで看護師の仕事にピリオドをうつ決断をしました。でもまだ私は52歳でした。まだまだこれからだというのに残念な最後の決断をしなければならないのです。

ところがです。さらに私の身体に異変が迫ってきました。その年の暮れには、左右の足に体温の温度差を感じるようになりました。循環器内科の主治医に相談しました。検査の結果は右下肢《みぎかし》閉塞性《へいそくせい》動脈硬化症と診断されました。血液の流れる薬を経口で内服した方がよいという説明を受けました。そして内服を続けました。すると今

看護師が見てきた！
いのちの
最後の砦《ICU》

度は右足全体に痛みがでてくるのです。恐怖が襲いました（まさか壊死では？）。右足の親指の先が黒く壊死し痛みはひどくなるばかりでした。看護師の私でもこの事態を受け止めることを拒絶したいのです。

そこで主治医は右足の親指の診察をするために入院を勧めました（もうわかっているはずです。医師は！）。入院先の病室には心筋閉塞悪性動脈硬化症の3人の患者さんが入院していました。ここは生と死の境目にあるところです。

1人は治療が早かったために切断は免れました。もう1人は右下肢からの切断でした。なんと言っていいか声も出ないくらいです。今度は私の診断でしたが、私も大腿部からの「切断」という宣告が言い渡されました。「切断」という言葉を訊かされて、私の心に重くのしかかってくるのは驚き（慟哭《どうこく》したい思い）と深い悲しみでした……あまりにも重い宣告でした。この診断に従うかそれとももう1

カ所別な病院の診断を仰ぐかで悩みました。なんとか「切断」という宣告を避けたいと思いましたので、セカンドオピニオン（診断）を何カ所かでとることを選択しました。

しかし、行って診察をしていただいた結果はすべて「切断」という宣告でした。やはりそれも大腿部からの切断でした。主治医から整形外科への転科を勧められましたが、どうしても判断ができない、いや決心がつかないのです。そして、相談の結果、一度退院してよく考えることになりました。診断という2カ月の入院期間にもピリオドをうったのです（これでいいのか不安でした）。

自宅に帰ったものの、右足下肢の痛みは増すばかりでした。夜も眠ることもできず多量の鎮静剤と睡眠薬（眠剤）の服用などを繰り返すばかりで不安が募り自暴自棄《じぼうじき》になりました。自宅での生活が2カ月くらい過ぎたころから、今度は発熱の症状が表れました。体温が38℃から39℃へと上がり発熱が続きました。それで抗生剤の点滴

のために1週間ほど通院しました。

整形外科の主治医から血液検査の結果、敗血症を起こしているのでできるかぎり早く手術をしましょうということでした。

その主治医は「9月26日の金曜日に絶飲食で9時までにきてください。入院の準備をして病院にきてください」と言いました。

「どうしても足を切断しなければいけないのでしょうか」

「まだ、そんなことを言っているのですか。足をとって生きるか。足をそのままにしておいて命を失うかですよ。5分間で決めて返事をしてください」

と興奮気味に主治医が言ったのです。

こんなやりとりのなかで……

側にいた主人と私は顔面蒼白でお互いの目を見ながら……

「手術して下さい。助けてください。足……切断……私は生きたいです」

もうおどおどしないでしっかりと言ったのです。

主治医は「そうですよ。一刻も早く、手術をしましょう」と促しながら両手を静かに膝の上に置きました。それに合わせたかのように私の手の上に主人の手が重なってきました。喉を詰まらせながらも、もう一度、主人も私も……（その主治医は待っていたかのようでした）

「はい、お願いします」と言いました。

それで、準備を終えて9月26日の金曜日に入院しました。

その夜は、痛みと不安で眠れませんでした。そんな日から数日が過ぎました。

そして、手術の日が決まるのです。

人生の大きな節目にたちにけり

度重なる病魔と闘いながら右足を切断することにした。こころの揺れ動くその瞬間を表しています。

私の足よ！　さようなら

私は、手術前の病室（待合い病室のようなところ）にいます。そこからすぐに6人部屋の病室に案内されました。そしてそこで点滴が始まりました。ここには入院中の患者さんが数人いました。退院する支度をしている患者さんもいます。そこで、手術の同意書、切断した足の埋葬許可等々にサインをしました。この間、手術の準備が進められています（私の足がなくなる時刻が近づいてきます）。

「今日の手術は……淡路さんが最後になります」と看護師が言いました。

手術を待っている間の時間が非常に長いようで短かったと感じました。午後4時過ぎには、ストレッチャーに乗っていました。決意はしたものの頭のなかはまだ混乱したままです（頭のなかでは……元気で走り回っている子どものころを懐かしく思い出しているんです）。でも容赦なく時刻が迫ってきます。

そして手術室に入ると麻酔科の先生が近づいてきて、「どの麻酔にする？」と尋ねられました（私には麻酔の知識があるのでそう聞いたのです）。

「全身麻酔でお願いします」と返事をしました。すると、主治医は麻酔の注射をしました。するとしだいに思い出が霧のように霞んでいきます。意識がとろりとろりとして身体が溶けるように深い眠りに落ちていきました。

……（手術が終わったようで）気がつくと病室にいました。手術は2時間ほどで終わったそうです。

「淡路さん手術が終わりました。病室に戻りましたよ。もし、痛みがあったら薬を使うから……」と看護師さんに言われました。

不思議な感覚がしました。手術後には患部の傷の痛みがないのです。手術の前まではあんなに痛かったあの右足の親指の痛みがないのです。でも何か、術後ではあるけれども少し痛みが残っているように感じたのです（脳の仕業）。

でも、確かめたいと思い、恐る恐る棒のように緊張した右手を布団のなかにそっと入れました。でも右足を触ろうとしたけど、すでに右足はありませんでした。ほんとうに右足がないのです。改めて手術をしたことを受け止めようとしている自分がいます。この痛みの違和感は、どうやらこれは幻肢《げんし》（ないはずの足が痛む現象）のような作用だったようです。何故か悲しくて急に大粒の涙が溢れてきました。顔を布団のなかに埋めて泣いていました。するとすぐ側にいた看護師さんが「そんなに痛いのでしたら薬を使いましょうか」

と言って労ってくれました。

「わたし。右足を失ったんですね」

「ええそうです。手術したのを忘れて動いてベッドから転げ落ちる患者さんもいるくらいですから気をつけてくださいね」というアドバイスをいただきましたが、「くだ……」という最後の言葉が薄れて聞きとれないくらい小さくなっていきました。それでも頷きながら眠りに落ちました。

翌日からリハビリが始まりました。リハビリは生活動作を主体にした訓練でした。まずは、トイレの使い方でした。身体障害者用のトイレを使っての実践でした。

1回のリハビリで全身から玉のような汗がでて服がビッショリになります。汗を流したリハビリ後には全身浴や服を着替える訓練が日課となりました。

トイレまでの車椅子の自走とトイレでの手や片足、腰を使う実践

は私にとって十分な運動量のあるリハビリとなっているようです。車椅子は軽そうに見えるけど、動くとなれば手の筋肉が痛くなるほど辛いときもありました。

手術中に500ミリリットルの出血があり貧血になったので輸血もしていただいたそうです。こうして私の車椅子の生活が始まります。リハビリの訓練も大変でしたが、自宅に帰ってからの車椅子生活はもっと大変だろうと思い……ここでじっくりとリハビリをして体が車椅子に慣れるように挫《くじ》けないでがんばることにしました（けっしてやけくそな気持ちとか投げやりの気持ちではありません）。

医師たちの腕にかかるや我が命

幾重にもいろんな病気をかかえ、そのひとつが重症化すると命が危ないときです。患者さんは医師たちのゆりかごのなかにいます。

施設での新しい生活

そこで主人にお願いし「施設での暮らしがしたい」と伝えました。主人は、私が入院中に施設を探してくれました。幸いその施設は自宅から20分ほどで行けるほど近いところにありました。行き先が決まると病院の方から「退院」の許可ができました。10月30日に退院し、まっすぐ施設に入居しました。ここは有料老人ホームです。私からすると、ずーっと住んでいる人たちは仲間意識が強い集団のように見えたのです。その方々たちだけのアットホームだと思ったのです。ですから新参者の私を受け入れてくれる雰囲気を感じられなかったものですから……なので、あまりよい印象を抱けなかったのは確かでした（また悩みはじめている私がいます）。でもここに入ることにしたのです。主人を私の介護から解放してあげたいという

思いからでした。

私が言うのも恥ずかしいことですが、主人は物静かな人で誰にでも優しく立ち振る舞える人、親切な人でした。新婚生活でもケンカしたこともないというのはウソになりますが、でも手を上げることは一度もなかったのです。自宅での生活では仕事から帰ってきて疲れているのに、そうじ、洗濯、食事の用意などを率先してやってくれます。大変なのは私の入浴介助です。すべてやってくれます。私は主人には頭が上がりません。私が施設に入居となればすべてのことから主人は解放されます。だけど心配ごとが1つあるのです。

私がいないと主人は好きなお酒をたくさん飲むのではないか……という心配ごとがありました。でもそれは私の取り越し苦労のようでした。

心配は私のひとりよがりだったようです。1人でいると大便（トイレ）の後始末や戸締りなどをしっかりとやるようになったようです。酒を飲むけど明日のことを考えて早く寝るようになったと言っていました。主人はデイサービスの仕事が終わると私のいる老人施設に、毎日、自転車できてくれるのです。自転車をこいでくるのは大変だと思います。でも、毎日きてくれます。ほんとうに感謝です。主人がいてほんとうに幸せです。幸せです。幸せなひとときを過ごすことができてとても感謝でした。

　雨天などで自転車に乗れないときは歩いてでもきてくれます。30分も歩いてくるのですよ。ありがたいことです。

　施設での生活は不安でしたが毎日面会にきてくれる主人を待っているときはワクワクして遠足にでも行くような気分になり心臓がドキドキするのです。また、ここの施設で新発見がありました。入居されている人たちは部屋に閉じこもり寝て休んでばかりだと思っていたのですが。ところが意外や意外でした。駅前まで散歩をしたり午前中の10時には梅干し体操（どんな体操って聞かないでくださ

い。老人の気休めですから……）などをしたりして自由に過ごしています。また、身体を動かした後はレクリエーションをするという生活をしているのですから。皆さんはとても活動的でした。レクリエーションのなかには書道、お茶、生け花、俳句、絵画、編み物、パッチワーク、大型のスクリーンでのビデオ鑑賞、折り紙教室などいろいろあります。私は昔から映画が大好きでしたから、映画が1000円で見られるのでよく鑑賞させていただきました。それも都内でも県内でもでかけて行きました。俳句の会には月に1回参加します。その会ではお茶やお菓子（和菓子）などがいただけるので楽しみにしていました。俳句が好きなので、主人の実家に帰省したときもファックスで送って参加していました。合格点ではないにしても楽しく書いていました（本文中のところどころには俳句とその当時の気持ちを解説しています。御覧いただければ幸いです）。

その他に施設の行事はいろいろありました。たとえば近くの神社への初詣や節句、お花見、夏まつり（盆踊り）、紅葉見物、クリスマス会などと盛りだくさんのイベントがあるのです。春、秋には業者の方がきて展示会、ショッピングなどを主催していました。こういう施設の生活を受け入れてそれなりに楽しむようになりました。

その間、ずーっと主人は自宅と私が入居している施設を行ったりきたりしていたのです。このままでは主人に重い負担がかかってしまい病気にでもなられたら大変だと思いました。どうにかしないといけないと思いあぐねるようになりました。

2人で話し合いました。主人の田舎にある実家に転居することを考えるようになったのです。そこには主人の母がいます。

田舎に転居する2人

田舎の実家には93歳になる主人のお母さんが1人で暮らしていました。主人と話し合って車椅子で暮らせるようにバリアフリーの家を建てることにしました。

しかし主人は58歳になっていますので銀行ローンを組むことなど不可能でした。そこで今までにためた貯金を使って建てることにしました。その当時、よく決断できたなあと自分でも驚くほどでした。

主人は大工さんや建築士さんとの打ち合わせで忙しくなりました。自宅と施設の往来に加えて仕事もしていましたから大変な大仕事をこなすはめになりました。休日も返上して打ち合わせもしていたようです。こんなこともありましたので、当然、毎日だった面会も1日おきになりました。その時は少し寂しさを感じました。でも私は施設のなかで生活を満喫していました。２０１１年12月には田舎の家の改装が始まりました。そして、翌年の5月には完成しました。そのころ私の心臓が不安定で状態がよくなかったので、すぐに帰ることができなかったのです。その間、施設内では多くのイベントがありました。私はできるだけ参加します。食事では肉料理や魚料理とかを自分の好みで選んで食べます。前にも紹介したひな祭りや節句や花見などでは特別メニューが用意されます。例えば特別膳やおせち料理などやクリスマスではバイキングなども工夫をこらした盛り膳がでてくるのです。そんな楽しい環境もあったことで私の身体が安定してきました。今までの楽しい施設の生活の体験を述べましたが、施設に入るかどうかで迷っている人には選択するときの1つの参考になればと思いちょっと詳しく話してしまいました。

そして、田舎に帰省する引っ越しが具体化してきます。主人は今まで暮らしてきた家の片付けをしていきます。私たち2人が暮らした30年余りの年月で荷物もいっぱいになっていました。そこで断捨離を決意しました。そこでほとんど処分したのです。

自宅の断捨離をして片付けがようやく終わりました。主人は先に

田舎に帰りました。そして私を受けいれるための準備をしてくれています。

引っ越ししても大丈夫だよと、主人から連絡がありました。でもその田舎に帰る日が近づいたころです。田舎の実家の近くには病院がないのです。何かあったときのことが心配です。大げさに言えばもし具合が急変して命にかかわる危険な状態が迫ってきたらどうなるか？　と、思うと引っ越しすることは死を覚悟するほどの決意が必要だと思ったのです。主人もそうだと言っていました。

主治医も「どうしても田舎に行ってしまうの？」と言いました。それが……毎月の受診の度に訊かれるのです。主人との別居生活は考えていませんので、私は主人が待つ田舎にいくつもりですと伝えます。でも不安はありましたが、いよいよ２０１５年５月に主人は先に１人で田舎に住居を移りました。残された私は不安がありましたが、それでも私は引っ越しを決断したのです。

2015年7月13日の月曜日でした。私は新幹線のホームにいます。老人ホームの施設長さんと看護師さんにつき添われて駅のホームにいました。皆さんに見送られて出発しました。道中、不安がありましたが、田舎の駅に着いたときです。そこには主人と義母と義姉が迎えにきていました。

5章

人生の最後の闘いに挑む
妹や健一や主人のためにも絶対に幸せになる!

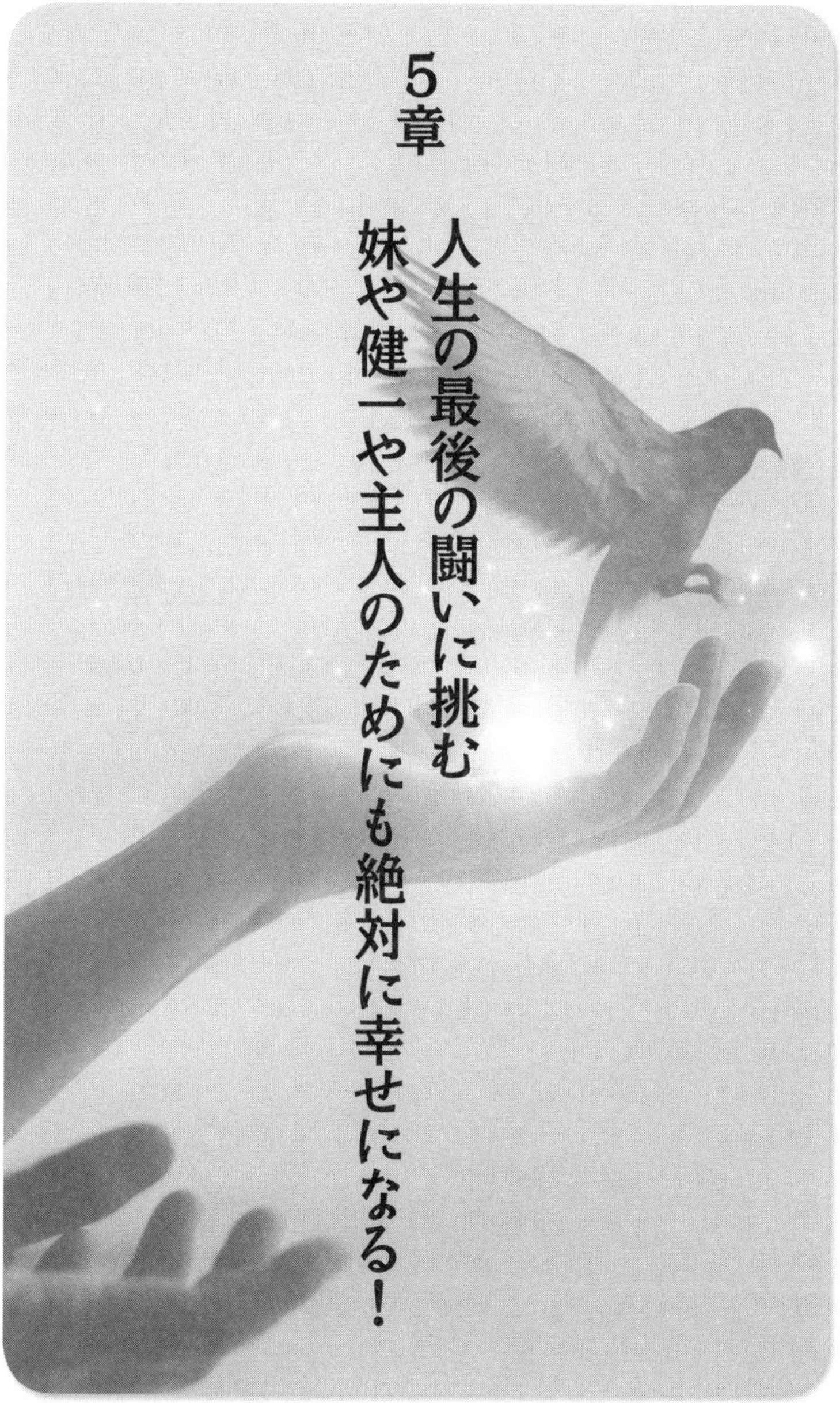

田舎の義母は方言。言葉の意思疎通ができない

いよいよ田舎での新生活が始まります。ここでの3人の共同生活に不安がありながらも奮起してがんばろうと思いました。

でもやはり予想通りの苦労と心労の生活が始まりました。一番困ったことは方言でした。さっぱりわかりませんでした。意思疎通《いしそつう》ができないのですよ。

半分も分かればよい方で、実は2、3割わかればよい方なのです（でも、これには理由《わけ》があるように思っています）。これは大げさに言っているのではなくほんとうの話なのです。

……なので主人の母との会話がかみ合わないのです。まるでテレビのボケとツッコミの漫才を聞いているようなもので何が言いたいのかまったくさっぱりわからないのです。漫才は聞いていて楽しい

ですが。方言が理解できないのに空返事《からへんじ》で頷《うなず》いているとわかっているという誤解を与えてしまいました。それでまた1つ感情のズレができるのです。義母とはそうでした。主人はそんなようすを見て心配をしていました。方言の言葉がわからないのです。

そうなんです。でも、もっと言えば、私の居場所の拠り所が見つけられなかったために、こころのゆとりを失っていたのだと思うようになったのは後々のことでした。なので……義母の言葉が耳に入ってこなかったのです。その居場所とは健一でした。主人との間で生まれた健一が元気でいたらこんなことにはなっていなかったと思います。

日本語とはいえ方言（訛《なま》って聞こえる会話）は発音が聞き取り難いうえに感情が加わると語気の調子が上がったり下がったりします。それでますますわからなくなるのです。

「あんたはきまかれる嫁だ」という言葉を最初に覚えましたが、

標準語では「煙《けむ》に巻《ま》かれる」に近い言葉のようです。平たく言えば、私の言うことが……信じられないとかうそばっかり言っているとか……また都会で看護師をしていたことで、言葉が見栄っ張りでちょっとした言葉が大袈裟なものの言い方をしているように義母には聞こえて不必要な不快を感じさせたのでしょう。それは何年も都会生活をしていたから言葉が見栄っ張りなのは仕事のうえでしかたなかったのですが、でもやり方は他にあったかもしれないですね。でも始めのころは、この「きまかれる」という言葉は褒め言葉と思っていたくらいでした。しかし主人の田舎では、まったく反対で「気がきかない嫁だ」ということだったようです。ようやく私もこんな歳になってですが、やっと義母のこころに添えるようになりました。何故、もっといろいろ先回りしてお世話できなかったか？　などなど……考えて悔やんだりもします。

でもそのときは気が回らなかったのです……そこで、主人がいる

ときは私と義母の間に入って助けてくれました。

しかしそれはそんなに長くは続きませんでした。田舎に帰ってから半年ほど主人が私の介護をしていました。それまでは外部のデイサービスは頼みませんでした（主人は介護を自分の手でやりたいという素振りでしたから……）。でも、私は主人の負担を減らすために、ケアマネージャーの勧めもあってデイサービスの訪問介護にきていただくようにしました。

主人は時間に余裕ができたので趣味の写真や読書や木工細工などをして過ごすようにもなりました。それに別の楽しみもあったようです。日々のストレスを発散するために毎月1回の同級生との集いに参加することでした。年1回は1泊の旅行へも行きました。また健康のためにと思い、1泊2日の断食旅行にもでかけて修行体験もしました。主人は田舎に帰ってきてからよい思い出をいっぱいつくることができたと思います。

最愛の主人が大腸がんで亡くなる

２０１６年の8月の夏、主人が体調を崩して入院します。検査では大腸がんでした。肝臓にも転移していました。それで腸管の内容物（消化物）がスムーズに肛門側へ押し出されていくはずの移動ができなくなるというイレウス（腸閉塞《ちょうへいそく》）の病気になりました。緊急の手術が必要でした。大腸がんの摘出をして人工肛門をつけました。前に気管切開をしたことがあり、それが原因で声が発声できなくなりました。会話ができないので紙と鉛筆をもってやりとりをするのです。

何でこんなことになるのでしょう。私は素直に現実を受け入れたくないという思いが湧いてきます。それでも悲しみに耐えていました。しかし、我にかえると現実がここにありました。寂しさと悲し

さのあまり声を押し殺して大泣きすることが多くなりました。

主人は10カ月ほどの入院生活をしました。この間、自分の足で立てなくなってしまいました。次第に身体やこころの衰弱がひどくなりました。あの交通事故と同じように危篤状態となりました。2度目の危篤状態でしたが、私はもうダメなのかもしれないと思うようになりました（私のためにも主人にはもっと長く生きてほしい……）。主人の容態は悪くなる一方でした。そして私は覚悟しました。それから2、3日もたたないうちに、主人はもう2度と我が家には帰れなくなりました。大腸がんで亡くなりました。

2017年5月16日、65歳で主人は亡くなりました。

大好きな主人との別れに涙して

看護学校のときに結婚し36年以上、苦楽を共にした主人との別れは胸が張り裂けるのではないかと思うくらいの悲しみでした。

明日につながる希望を見つける

そして、その後どうなったかと言えば、私も義母も別々の施設に入りました。

それからは、家は空き家になってしまいました。

しばらくして、98歳の義母は2020年8月5日に亡くなりました。義母の遺影は笑顔でした。義母はコロナ感染の真っ最中に亡くなりましたので、施設にいる私は外出ができませんでした。葬儀は義姉にお願いしました。主人が建てた家には遺影があるだけになりました。

家を離れて新生活が始まったばかりでした。ここは、小さな町に

ある老人ホームです。この施設の周りには緑がいっぱいです。ここには23人の住人がいます。皆さんはアットホームな方々ばかりです。こころが安らかで穏やかになれるのです。しばらくはすべてを忘れたいと思っています。

人数も少ないので1人が体調を崩せば皆さんが心配して助けてくださいます。また、励ましの言葉もかけてくださるのです。

ここでは、食事、排せつ、入浴などはそれぞれに応じたケアをしてくださいます。前にいた老人ホームと同じように散歩、歩行練習(天気のわるいときは廊下)、お茶などを楽しんでいます。また脳トレーニングにも参加します。そんな自由な時間があります。私は共同生活が苦手ではありませんが、今は自室で独りで過ごすことが多くなりました。部屋ではYouTubeで音楽を聴きながら本を読んだりしています。それに大好きな映画もよく見ます。でも食事は個室ではなくホールに集まって皆でいろんな話をしながら過ごすことにしています。どんな風だと言えば、6人くらいでテーブルを囲んで食べます。

　そんな老人ホームの住人のなかで仲の良い人をちょっと紹介します。

　この施設には地元で生まれ育ったというKさんがいました。そんなKさんはここで10年ほど生活しています。私にはKさんが施設のことをすべて知り尽くしたベテランのように見えます。また、口数が少なく物静かなHさんがいます。観察力がある人です。施設には持病をもっている人が多くいます。そんななかの1人のTさんは難聴です。でも補聴器をつけません。コミュニケーションは筆談とか、チグハグな会話とかになります。言ったそばから忘れて同じ話を繰り返してしまいます。まるで漫才のツッコミやボケの繰り返しで話題がクルクル回っているかのようになります。

　Mさんは保育園の園長先生をしていました。Mさんはしっかり者

です。老いを感じさせないほどの記憶力があります。読書や絵画、俳句や和歌が得意です。日々、手紙や自分史を書いています。Fさんは、まだ51歳で若い人です。病気とか私生活とかでいろいろと苦労があったと聞いています。ここにいる、皆さんは、苦難、苦労という金字塔を建ててきた人ばかりだと思います。そんなFさんも手紙とか自分史とか小説などを書いています。その時は、春というテーマで小説を書いていました。周りにいる人への思いやり、気配りが自然にできる人です。買い物ついでにテーブルに飾る花なども買ってきます。気さくで会話ができて楽しくなる雰囲気のある人です。私は、MさんやFさんの自分史を見させていただきました。それで、いつか自分史を書きたいと思うようになりました。

そんな方々が集まる食事のときはこんなようすです。

食事をいただくときにはKさんが「いただきます」のあいさつを先導します。そして食事をいただいた後は、「ごちそうさまでした」

という唱和はHさんの担当なのです。また「ごちそうさまでした」が終わるとHさんの一言のコメントコーナーがあります。このコーナーの一言には含蓄《がんちく》があるので聞いているだけでこころが弾んできます。私だけではなく、皆さんもそのようです。いつもの楽しみの1つとなっています。

主なき家におかれる薔薇一輪

主人は、物静かな人でしたが、内面は、情熱的で、真っ赤な薔薇が、大好きでした。仏壇に、薔薇は飾れないので、私の机の上に、真っ赤な薔薇を飾っています。

バリアフリーゾーンがもっとほしい

昨年の2020年は、私にとって入院ばかりしている1年でした。

その年の1月末に部屋で意識を失い救急車で病院に運ばれました。急性胆のう炎だったのです。またその入院中には2回インフルエンザにかかってしまいました。そこで2カ月の間ずっと個室でした。その間、1度退院をします。

でも今度は、肛門から出血する下血《げけつ》になりました。そして、また2カ月の入院です。その後、健康であった左足が右足と同様に閉塞性動脈硬化症(ASO)と診断されてしまいました。しかし通院している病院では治療ができないために、田舎でも有名な国立大学医学部付属病院の循環器科に入院することになりました。カテーテル治療をしてみても症状はよくなりませんでした。今度は心臓血管外科でバイパス手術を勧められました。

胆石もあり、これも身体にはリスクを負っておりましたので、大学病院で手術することになりました。

２０２０年に大学病院に入院したときの検査では12年前に治療した左冠動脈がつまっているという診断でした。カテーテル手術でこれは治りました。

それから目立った発作もない状態が少し続きました。でも、１カ月に１、２度ほど胸痛《きょうつう》が起こります。このときは、ニトロペンダント（心筋梗塞などの緊急薬を入れる容器）から１錠をとりだして舌下《ぜっか》していきます。こんなこともあってまったく発作がない日がないくらいです。ちょっと急いで動作をしたりすると脈が早くなり動悸《どうき》、息切れがするのです。息苦しくなるのです。そんなときは安静にしてゆっくり深呼吸を繰り返したりすると落ち着くのです。

１つよくなると１つ欲がでてきて「アレもしたい。コレもやって

みたい」と思うようになります。人は好奇心の塊だと思うことすらあります。

入居されている人のなかでリハビリを頑張っている人が多くいます。すぐに刺激されて「私もリハビリをやりたい」と思ってしまうのです。そこでケアマネージャーに相談すると許可がでました。２０２０年12月から１週間に１回の１時間ほどのリハビリの計画を立ててくださいました。最初は５回ずつしかできなかった筋トレも今は20回に増えました。でもリハビリを頑張りすぎて筋肉痛がでてきて湿布《しっぷ》を貼ってもらうのです。それで筋肉痛も薄らぎます。でも車椅子の自走では筋肉を使います。で、疲労感がでます。トイレでの排せつをする際には、たびたびベッド上で寝返り移動をしないといけないのです。しかし、それに伴って肩こりとか腰が痛くなることもあるくらいです。

早いもので、車椅子生活が11年にもなります。車椅子の生活で不便なのは段差のあるトイレです。ここは田舎です。千葉の方ではバリアフリーが進んでいます。ここの田舎では病院内やショッピングセンター内などには一カ所くらいしかバリアフリーがないのが実情です。まだまだ障害者にとって良い環境が整っていないのが現状のようです。足を切断したおりには外出するのにも勇気が必要でした。今までは受診とか外出するときには周りの人の目も気になりません。

受診時には子どもたちから「何で車椅子にのってるの？」とよく言われたりもします。今では、「病気でね……右足を失ったのよ！」と言えるようになりました。

リハビリを支えてくれた方々に感謝

リハビリは毎日の積み重ねが大切です。以前ならリハビリの訓練のときしかする気がしなかった私でしたが、今はベッドに横になるとすぐリハビリをします。それも朝と寝る前にするように心がけています。特に、排せつのおりは左と右にあるトイレを交互に使います。そうすることで、左右の手を鍛えることができるからです。両手で身体を支える動作が運動になり筋力を鍛えることができます。リハビリの先生に私の肩や背中、腰にかけてのコリがひどいのでよくマッサージをしていただくようにしています。

コリの原因は車椅子と言われました。片足のない私にとって車椅子は必要不可欠な大切なもので生きている限り仲良くつきあっていくしかないのです。

ヘルパーさんたちは2週間に1回ほど車椅子の油さしや点検をしてくれますので、目立ったトラブルや故障などはありません。すごく助かっています。

今でも、毎月1回か多いときは毎週病院に通います。通いには介護タクシーやヘルパーさんにお手伝いをお願いしています。

「けあさぽーと」という会社を経営されている代表自らがいつもつき添ってくれます。2種免許の他にヘルパー1級の資格をもっている方です。私が受診で長い時間におよぶときにも私の体調を気遣ってくれます。こんな多くの方々に介護していただいていることに感謝しています。

田舎にある大学付属病院への通院や入院のおりも高速道路を運転していただいて助けられています。いつも安全運転です。そのけあさぽーとの代表者さん自身も以前ですが、体調が思わしくないことがあったようです。それでその大学の病院に行っていたので病院のようすはよくわかっておられました。私がここにいるのは、身内、親戚、友人、知人の方々の励ましのおかげと思っています。

私の目標は、今の健康状態を維持して手術を乗り越えることと、

遠方にいる親友の方たちに会いにいくことです。今はコロナで世の中が大変ですが、落ち着いたらすぐにでも出かけたいと思います。今も親友の方とは電話で話したり携帯アプリの映像電話などで顔を突き合わせて談笑したりしています。

このように、今回、自分の人生を振り返る機会を与えられましたことに感謝です。人生に何か残そうと今も奮闘努力しています。たとえ今後、困難があってもそう考えて歩んでいきたいと思っています。そのためにも健康維持に努めています。

自分では、「仕事の課題」「交友との課題」「愛の課題」では、合格点をつけたいと思います。これらの3つは、アルフレッド・アドラーの格言のなかにある言葉です。もう看護師は卒業しましたが、感謝されればされるほど感謝の恩返しをしたいと思う今日このごろです。

亡くなった主人、子どもたち3人には感謝です。
でもがんばったね、健一くん。ありがとう！
お母さんもがんばるからね。
今、がんばっていることが人生の証ですね。
私は誇りに思います。

今回、周りの人の勧めもあってやっと思い出を書くことにしました。
荒木麻那美さんありがとうございます。

書いているとき昔を思い出します。
こんなとき大粒の涙がポトポトと落ちました。
大粒の涙がでる度にさわやかになるのです。
涙が何度も流れました。

その度に、こころが浄化されました。

そして……

やっとの思いで自伝（マイ・ライフ）を書くことができました。

書くことの辛さから楽しみへと変わってきました。

でも……

これを読んで不快な気分になられる方もおられることでしょう。

私は、正直にありのままの自分を表現しました。

自伝を書くチャンスを与えて下さったすべての方々に感謝申し上げます。

淡路永子さんと35年来の友人からの闘病追記

荒木麻那美

私は、淡路さんを側で見てきたことや聞いたこと……そして、話し合ってきたことをそのままお伝えしてみたいと思います。

淡路さんとの出会いはM市病院新生児センターの授乳室でした。そこにお互いに保育器のなかで育つ我が子に冷凍した母乳を届けるのです。そんなときに授乳室の前でよく淡路さんと会います。そんな縁で笑みを交わし合う仲になりました。その後、互いに退院となり数カ月がたちましたが、次に再会したのは、都内の心身障害児総合医療療育センターの外来でした。

７カ月を過ぎても頸《くび》の座りと座位が不安定な私の子は早産が原因で呼吸器の形成不全と脳への酸素供給不足でＣＰ（脳性小児麻痺）の疑いがあると診断され、都内の小児神経の専門病院の受診を勧められたからでした。

そこでお互い外来で直ぐに気がつきました。どちらが先というのでもなく、声を掛け合ったのを覚えております。彼女は看護師、私が保育士という立場でお互いのもつ知識で、子どもの発育の心配と悩みについて話し合いました。その後、障害児センターの母子入園で数カ月間ともに共同生活をしました。そんななかでどんどん親しくなりました。

地元に戻っても、入院生活が一緒になることが何度かありました。本当に縁が深いと感じました。その間、私が母子家庭になったことを気遣ってくれました。彼女とはいつも気が合う仲でした。お互いの子を我が家族の子どものように思うようになっていました。彼女の息子の健一くんは目がまん丸で笑顔がとても可愛く、茶目っけたっぷりの男の子でした。健一くんの障害は我が子よりも重度でした。健一くんは鼻から胃にかけてチューブが挿入されています。常に痰《たん》が絡みやすく、1日に数回は吸引が必要でした。病棟の看護師さんが吸引すると苦しそうに涙目で訴える健一くんですが、彼女が吸引すると顔を歪《ゆが》めることもなく、楽に痰がとれるのですね。そんなようすを見ながら、凄いなあと感心したり尊敬したりしたことを覚えています。

障害のある子の子育ては決して容易ではありません。

心配事も絶えませんでしたが、電話な

どで心の内を吐露《とろ》し合っていました。

母子入園は全国からきておりましたが、障害があることで家族や親族から受け入れられず、辛い言葉を投げかけられたり、我が家のように離婚に至ったり、親と別居したりするという様々な悩みがでてきます（世間の目が怖いのでそうなるのです）。こんな話はいっぱいありますが、障害児や障害児をもつ家族が普通に暮らせるような社会がきたらいいと思う1人です。母子入園中、子どもが眠りに就いた夜9時ごろからは母親だけがティールームに集まり、お茶を飲みながら、身の上話をするということが心の和む貴重なひとときとなりました。

健一くんが3歳になったある早朝、彼女から泣いて電話が入りました。「健一が危ない」とのことでした。

私は直ぐに、我が子を実家に預け病院に向かいました。健一くんの身体には沢山の計器がつけられ、口元からは血がにじんだような色の泡がでて苦しそうでした。院内感染が原因だということでした。彼女が計器の数字を眺めながら電卓で何やら数字をはじき出し、「あー駄目だー」と一言漏らしました。看護師の知識で私たちにはわからない何かを感じたのでしょう。私は大声で「健一くんが頑張っているのに何を計算しているの？　諦めているの？　信じて声かけしなきゃだめ！」と叫ぶとハッと息を呑んで「そうだよね。ごめんね。健一頑張って！」と手を握りました。長い時間が経過し、健一くんにも疲労がでてきました。心拍数が100から急激に下降してきます。重い空気が漂いました。30を下回ったとき、お父さんが「けんけんどうした！頑張れ」と叫びました。すると声かけに応えるかのように心拍数が100近くまで上昇するのです。そのような状態が数回繰り返されました。主治医からもう、本人も苦しいと思うので、そろそろ送って差し上げたいと思いますが……という話があり、お父さんが「ありがとうございました」と医師に一礼し、「健一、お前のことは忘れないぞ。生まれてきてくれてありがとう」と苦渋と感謝を込めて言いました。御主人が言い終わると直ぐに計器が止められました。

健一くんは永遠の眠りにつきました。その間、とても悲しい長い時間が過ぎていったように感じました。

健一くんは大好きな両親の腕のなかで安らかなお顔をしていました。

健一くんを失ってから半年もたたないうちに彼女は看護師として復帰するという

決意をするのです。障害をもつ子の母親の力になりたいという一心からだったと私に話してくれました。健一を育ててきた経験を活かしたいとも言っていました。それで障害児の看護係の外来業務につきました。

時間がたち仕事にも慣れて意気揚々としていたころです。また病気が彼女を襲いました。それは網膜剥離でした。持病であった糖尿病の合併症の1つでした。両眼の手術をしました。右目はほぼ視力がなくなり、左目は弱視程度にまで回復しました。しかし、看護師としての業務は難しくなりました。それで……せっかく慣れた仕事でしたが、退職することになるのです。

私は、かける言葉を探しておりました。心中を察して言葉が見つかりませんでした。そのような状態で少しの期間、連絡が途絶えました。しかし、彼女はたくましく生きていました。次に連絡があったときは、今、介護施設の看護師をしているということでした。入居者の健康管理を担当しておりました。目が片方だけの視力にもかかわらず、精力的に働く彼女の姿に勇気づけられました。それから数カ月後に彼女にまた病魔が襲いかかるのです。

新しく購入したナースシューズを履い

て勤務についていました。新しいシューズですから靴ずれができたのです。その傷口に絆創膏を貼りました。そして入居者の入浴介護にあたりました。その時です。入居者の方々のお尻の菌（大便の菌）が跳ね返り、靴ずれの傷に菌がついたそうです。それで3日後にはその靴ずれした傷口が赤く大きく腫れあがってきました。痛みも半端ではなかったようです。それで外科に行ったときには、もう骨髄にまで菌が達しているという診断が下されたのです。それで左足の指が壊死しているので切断という酷な結果になります。

驚いたことに彼女は義足をつけて歩く訓練を受けました。それは介護施設の看護師業務に復帰するためでした。そんな彼女の努力にはただただ頭がさがる思いで胸が熱くなりました。でも、また病気が再発しました。

今度は、右足の指の壊死から始まり大腿部からの切断が言い渡されるのです。「もう、無理をしないで御主人に甘えて楽に過ごして」と私からの精いっぱいの声かけをしました。彼女は「うん、そうするよ」と笑いました。

話は前後しますが、左足の指の切断から1週間後のことでした。彼女から電話が入りました。「昨日、主人が飲酒運転の人にはねられて危篤状態なの」という信じがたい内容に言葉がでませんでした。病院に急ぎました。その時、御主人の意識はありませんでした。顔が鬱血《うっけつ》していて真っ黒になっていました。

御主人に彼女を1人にしないで。頑張って。死なないで。という思いでただ見守るのが精いっぱいでした。やっと天が味方してくれたのか、御主人は何度かの脳の手術を繰り返しながらも奇跡的に回復してくれました。

彼女は右足を失ったことでバリアフリーでない自宅での生活は難しくなりました。そこで、彼女は施設に入ることにしたのです。御主人や彼女がお互いに介護疲れで倒れないためでもありました。そこで、御主人は決めたのです。御主人の田舎の実家をバリアフリーにすることにしたのです。そして、田舎に引っ越してから、しばらくは幸せなときを過ごしたのです。でも、御主人は大腸がんになりました。

そして、その数カ月後、御主人は無念にも他界されました。

そこには、悲しみをこらえて気丈に振舞っている彼女がいました。

「本当に多くを失ったね」と喉からやっ

とでたかすれた声で言うと。

……彼女が語ってくれました。

「うん。でも私の命だけは残った」と彼女は言いました。強いな！　この強さはどこから来るのだろう？　と感心したものです。それを聞いて、私は、「貴方の経験と頑張りは多くの人々を勇気づけさせ、また多くの人が励まされることだから公にすべきだわ……本にして出版してみたら！」と言ったことが今回の出版のきっかけになりました。

早速、私の信頼する出版コーディネーターを紹介し、この本を出版する運びとなりました。振り返ると彼女とのお付き合いは35年にもなります。人生の半分以上も交流してきた友人です。この35年間、ほんとうに波乱万丈の人生でしたね。

波乱万丈とは彼女の半生と言っても過言ではありません。

沢山の困難がありました。しかし、本当に精力的に乗り越えてきた彼女です。彼女は立派な奥さんであり、母親であり看護師でした。それは側で見ていた私が言うのですから本当のことです。

今なお、次の目標に向かって歩み出している姿は、私の目標であり自慢の友人です。これからの人生を謳歌して頂きたいと心から願います。

エピローグ

最後まで無事に書き終えたことにまず感謝します。

主人の病気や私の病気、そして健一のことでいろいろ悩んだり苦しんだりしてきました。その度、主人の母やお姉さんに私は支えられてきました。ほんとうにありがとうございました。感謝で一杯です。

主人の田舎の秋田では、主人の母と私は施設での生活となりました。それで少しでも施設の生活を楽しむためにと始めたのが、俳句や自伝を書くことでした。俳句の会にも投稿してみました。本文にも少し、俳句を載せました。あまり上手いとは言えないですが。見てください。また、出版社宛に感想などいただけますと励みになります。

また、巻末となりましたが、私の妹弟《きょうだい》にありがとうと言わせてください。

私が急性心筋梗塞で危篤状態のとき……老いて体が動かなくなっていた両親に代わって見舞いにきてくれたこと。感謝でした。

ありがとう！

この拙書《せっしょ》が、難病で悩んでおられる皆さまに！

また、家族に難病の患者がおられる皆さまに！

そして、健康である多くの読者の皆さまに！

読んでいただければ幸いです……


また、最後に、今まで、私を支えてくれた多くの方に謹んでありがとうと言わせてください。

ありがとうございました……

最後まで読んでくださりほんとうにありがとうございました。

看護師が見てきた！
いのちの最後の砦《ICU》

2021年9月25日　初版発行

著者　淡路永子
発行人　吉岡節夫
発行所　株式会社BRLM高速学習アカデミー
〒170-0013
東京都豊島区東池袋1-32-5
電話 090-5779-2130（メールのみ受付）
http://www.brlm.net
印刷　日本ハイコム株式会社

ISBN 978-4-907895-61-7